Orixás Ancestrais

A Hereditariedade Divina dos Seres
**Compêndio Teológico de
Umbanda Sagrada**

Rubens Saraceni
Inspirado pelo Mestre da Luz
Seiman Hamisér Yê

Orixás Ancestrais

A Hereditariedade Divina dos Seres
**Compêndio Teológico de
Umbanda Sagrada**

MADRAS®

© 2021, Madras Editora Ltda.

Editor:
Wagner Veneziani Costa

Produção e Capa:
Equipe Técnica Madras

Ilustração da Capa:
Parvati

Revisão:
Ivani Martins Cazarim
Rita Sorrocha

Dados Internacionais de Catalogação na Publicação (CIP)
(Câmara Brasileira do Livro, SP, Brasil)

Mestre Seiman Hamiser yê (Espírito).
Orixás ancestrais: a hereditariedade divina dos seres: compêndio teológico de umbanda sagrada/inspirado pelo mestre da luz Mestre Seiman Hamiser yê; [psicografia de] RubensSaraceni - 8 ed. São Paulo: Madras, 2021.

ISBN 978-85-370-0656-6

1. Umbanda 2. Deuses da Umbanda I. Saraceni,
Rubens. II. Título.
11-01011 CDD-299.67
Índices para catálogo sistemático:
1. Orixás : Teologia de Umbanda : Religiões de
origem africana 299.67

Proibida a reprodução total ou parcial desta obra, de qualquer forma ou por qualquer meio eletrônico, mecânico, inclusive através de processos xerográficos, sem permissão expressa do editor (Lei nº 9.610, de 12.02.98).

Todos os direitos desta edição reservados pela

MADRAS EDITORA LTDA.
Rua Paulo Gonçalves, 88 – Santana
02403-020 – São Paulo – SP
Caixa Postal 12183 – CEP 02098-970 – SP
Tel.: (11) 2281-5555 – Fax: (11) 2959.3090
www.madras.com.br

Dedicatória

Dedico este Livro

Ao Professor Fernandes Portugal, mestre e amigo que, com seu saber e erudição, tornou-se um referencial a todos os estudiosos e os admiradores do mistério dos Orixás.

Índice

Apresentação 11
    Os Fatores de Deus e a Androgenesia de Umbanda 11
Introdução 13
A Androgenesia Umbandista 17
O Que São os Fatores de Deus? 19
Os Fatores de Deus 21
    Os Fatores Divinos 23
Os Fatores de Deus e os Seres 37
    Os Ácidos Nucleicos 37
    A Energia Divina 38
Comentário sobre a Hereditariedade Divina dos Seres 44
A Fatoração dos Seres 52
Os Fatores e as Sete Estruturas Básicas 53
Os Fatores de Deus e os Aspectos dos Orixás 55
    Os Aspectos Positivos dos Orixás 56
    Os Aspectos Negativos dos Orixás 57
A Hereditariedade e o Caráter Divino dos Orixás 59
A Hereditariedade na Irradiação da Fé 65
    Oxalá e Oiá 65
Fator Congregador 69
    As Filiações de Oxalá e Oiá-Tempo 69
Fatoração Congregadora (Oxalá e Oiá) 76
    Filiações Puras e Filiações Mistas 76
    Filiações Mistas de Oxalá 77

Filiações Mistas de Oiá 79
A Hereditariedade na Irradiação do Amor Divino 83
    Oxum e Oxumaré 83
Fator Agregador 87
    As Filiações de Oxum e Oxumaré 87
    Filiações Mistas de Oxum 91
    Filiações Mistas de Oxumaré 92
A Hereditariedade na Irradiação do Conhecimento 94
    Oxóssi e Obá 94
Fator Expansor 97
    As Filiações de Oxóssi e Obá 97
    Hereditariedade no fator expansor – Filiações de
    Oxóssi e Obá 99
    Filiações Mistas de Oxóssi 100
    Filiações Mistas de Obá 101
A Hereditariedade na Irradiação da Justiça Divina 104
    Xangô e Egunitá (Niguê-iim) 104
    As Hereditariedades de Xangô e Egunitá (Niguê-iim) .. 107
Fator Equilibrador 109
    As Filiações de Xangô e "Egunitá" (Niguê-iim) 109
    As Filiações Puras de Xangô e de Egunitá 111
    Filiações Mistas de Xangô 112
    Filiações Mistas de Egunitá (Niguê-iim) 113
As Características das Divindades Ordenadoras da Lei 115
    Ogum e Iansã – Orixás Eólicos 115
    As Características dos Seres Regidos por Ogum e
    Iansã 116
Fator Ordenador 119
    As Filiações de Ogum e Iansã 119
    Filiações Mistas de Ogum 120
    Filiações Mistas de Iansã 122
A Hereditariedade na Irradiação da Evolução 124
    Obaluaiê e Nanã 124
Fator Evolutivo 127
    As Filiações de Obaluaiê e Nanã Buruquê 127
        As Partes do Fator Evolutivo 128

    As Filiações Puras do Fator Evolutivo 131
    Filiações Mistas de Obaluaiê 131
    Filiações Mistas de Nanã 133
A Hereditariedade na Irradiação da Geração 135
    Iemanjá e Omolu 135
Fator Gerador 138
    As Filiações de Iemanjá e Omolu 138
    Filiações Mistas de Iemanjá 140
    Filiações Mistas de Omolu 142

Apresentação

Os Fatores de Deus e a Androgenesia de Umbanda

Um fator é uma energia viva capaz de desencadear a formação de alguma coisa nos planos mais sutis e sustentar seus desdobramentos posteriores unindo-se a novos fatores.

A "matéria" é formada por fatores complexos, fato esse que dificulta a identificação dos vários tipos de substâncias existentes no plano material da vida. Mas a partir de certas características predominantes em cada matéria já estudada tornou-se possível classificar os fatores preponderantes na sua formação e, a partir de então, afirmarmos que o ferro é um dos minérios de Ogum, já que ele tem três. Ou que a maçã é uma fruta de Oxum, ainda que em outras seus fatores mistos ou compostos sejam predominantes.

A classificação das folhas, ervas, pedras e minérios e a identificação do orixá seu "dono" já é muito antiga no plano material e é conhecida nas esferas superiores da criação desde que a própria matéria se formou e deu origem aos meios mais apropriados para que só então Deus desencadeasse a formação dos vegetais, dos animais, dos insetos, etc.

Com isso explicado, então, que fique bem claro: mesmo intuitivamente os babalaôs africanos já conheciam esse mistério, pois já é milenar a classificação das ervas, das pedras e dos animais dos orixás, assim como é conhecido o arquétipo dos seus filhos.

Mas, mesmo esse conhecimento sendo antigo, nunca despertou em ninguém a curiosidade de saber por que isso é assim. As lendas sobre a criação do mundo e dos seres que povoaram a Terra ocultam segredos magníficos sobre a Gênese e a Androgenesia Divina.

Neste livro só nos aprofundaremos na androgenesia divina dos espíritos, deixando para o futuro as explicações sobre a Gênese das outras partes do Divino, ou seja, a criação de Deus em sua totalidade.

Também comentaremos um pouco as divindades orixás ou tronos e os fatores que eles geram e irradiam naturalmente por meio de suas ondas vibratórias mentais.

Tenham uma boa leitura e um bom aprendizado, filhos de Deus e dos orixás!

Seiman Hamisér Yê

Introdução

Irmãos em Oxalá, eis que mais uma vez, os Mestres da Luz do Saber nos surpreendem e nos revelam mistérios antes sequer imaginados por nós, os beneficiários diretos deles.

Eu sempre fui muito curioso quanto ao universo divino e sempre busquei informações que elucidassem certos assuntos relacionados aos sagrados orixás.

Eu tentava entender suas escritas mágicas ou grafias sagradas, mas nada do que encontrava nos livros de Umbanda, de magia ou de simbologia esclareciam esse mistério.

Tentei até em livros ocultistas, mas só encontrei explicações vagas e desprovidas dos reais fundamentos existentes por trás do que ensinavam. E foi assim até que os Mestres da Luz começaram a transmitir-me a Gênese Divina da Umbanda, onde abriram o mistério das ondas vibratórias dos Tronos de Deus, os sagrados Orixás.

Pai Benedito de Aruanda já havia transmitido alguns ensinamentos sobre os magnetismos dos orixás no livro "O Código de Umbanda".

Lembro-me bem do dia em que ele, ao terminar a psicografia desse livro, transmitiu-me isso: "Filho amado, os fatores de Deus são a base de um elaboradíssimo conjunto de conhecimentos sobre os mistérios divinos e do seu universo invisível, todo ocupado pelos seus sagrados orixás. Aguarde, persevere e alguns desses mistérios serão revelados por você aos seus irmãos do plano material. Persevere, filho amado!".

Pai Benedito, este espírito de luz, sabia de coisas que sequer eram imaginadas no plano material e, se hoje já temos na Umbanda um pouco de conhecimento sobre vários mistérios de Deus, isso se deve em grande parte a ele, um incansável mensageiro da Luz do Saber.

Em meados de 1994, Mestre Seiman Hamisér Yê juntou-se a Pai Benedito e daí em diante toda a minha psicografia tomou um novo rumo, pois o que já se mostrava latente (a revelação de mistérios de Deus), aflorou numa sucessão interminável de revelações.

Um universo divino descortinou-se e começou a revelar-se de forma coerente, seguindo uma ordem preestabelecida por estes espíritos Mestres da Luz do Saber.

Eu, que antes apreciava a leitura dos livros iniciáticos, ocultistas e de magia e simbologia, simplesmente fiquei perplexo e, ao mesmo tempo, encantado com as revelações sobre os mistérios de Deus.

Sei que algumas pessoas, após lerem os livros transmitidos pelos Mestres da Luz por meu intermédio, dirão que já sabiam sobre tais assuntos. Mas se os leitores pesquisarem todos os livros de Umbanda disponíveis até 1995, 1996 e 1997 não encontrarão nada do que eles têm revelado.

Se aqui dou este aviso, é porque sei que algumas pessoas de "dentro" da própria Umbanda e outras do meio esotérico estão começando a se "apossar" dessas revelações e, negando este crédito aos Mestres da Luz, dizem que já conheciam o que nem nos seus livros iniciáticos, esotéricos ou magísticos era abordado, como os seguintes assuntos, por exemplo:

- Ondas Vibratórias
- Escrita Mágica dos Orixás
- Irradiações das Velas
- A Evolução Divina dos Seres

- Os Sete Planos da Vida
- Sete Linhas de Umbanda
- Magia das Pedras
- Fatores de Deus, etc. Só os Mestres da Luz do Saber revelaram.

Então, que todos aprendam com seus ensinamentos, mas que ninguém negue a eles os créditos devidos pois, tenho certeza, eles abriram para o plano material as chaves da compreensão de alguns dos mistérios de Deus.

Mestres da Luz, sejam sempre abençoados, pois deram à religião umbandista, e a todas as outras, chaves inimaginadas!

Rubens Saraceni

A Androgenesia Umbandista

*Androgenesia: ciência que estuda o
desenvolvimento físico e moral da espécie humana.*

Nós, aqui, não limitaremos a androgenesia só aos seres humanos, mas sim, nos apropriaremos do termo e o a plicaremos a todos os Orixás sobre os quais teceremos comentários, que justificarão a nossa hereditariedade divina, assim como o acerto das suas lendas quando creditam a eles nossa descendência. E, assim, nos colocam como seus filhos verdadeiros, seus beneficiários e herdeiros diretos.

As lendas nos revelam alguns aspectos que, quando comparados com o conhecimento que nos transmite a ciência divina, nos mostram claramente que a cosmogonia ioruba foi a que melhor descreveu a criação do mundo e a origem dos seres, das criaturas, das espécies e dos elementos formadores da natureza.

Assim como a astrologia e a numerologia, a androgenesia ioruba também é científica, ainda que esteja velada por mitos e lendas.

Aqui só ressaltaremos o que já vem sendo defendido pela religião ioruba há vários milênios e tem se mostrado como uma verdade divina que nunca deixará de ser visível, pois a Umbanda renovou o culto aos Orixás, mas não descaracterizou essa verdade e ainda a adotou totalmente, porque só ela explica nossa natureza, tão distinta e tão afim com a das divindades de Deus, os Orixás.

A androgenesia divina ioruba nos diz que descendemos dos Orixás e uns são filhos de Ogum, outros são filhos de Oxóssi, etc.

Nós, na parte desta obra onde comentamos a gênese, abrimos o mistério dos fatores divinos e os descrevemos até a exaustão do assunto. Logo, recomendamos que os releiam, pois será a partir dos fatores que desenvolveremos toda a teoria que descreverá nossa hereditariedade divina, as características de cada uma dessas hereditariedades, a personalidade dos Orixás e de seus filhos e suas naturezas íntimas.

Então, no final, verão que Deus não criou o homem só do "barro", e não tirou uma costela dele para criar a mulher, assim como não expulsou ninguém do paraíso, não condenou e nem condena ninguém ao inferno.

Enfim, em comentários bem sintéticos, abordamos o aspecto androgenésico dentro da teologia da Umbanda.

Tenham uma boa leitura e um ótimo aprendizado!

Rubens Saraceni

O Que São os Fatores de Deus?

Por fatores de Deus nós entendemos energias vivas, portanto divinas, que são geradas e irradiadas tanto por Ele na sua emanação quanto por suas divindades nas suas irradiações.

Se nos apropriarmos do termo "fator", que tem vários significados e é usado tanto na aritmética quanto na genética, assim como em outros campos, aqui esta palavra assume a condição de identificadora de energias vivas emanadas ou irradiadas por Deus e por suas divindades.

Então, definimos os fatores de Deus dessa forma:

- São energias vivas e verdadeiros códigos genéticos energéticos, pois são capazes de desencadearem processos formadores da natureza dos seres, de suas personalidades, dos seus psiquismos (psiquê) mais profundos, dos seus emocionais, dos seus racionais e de suas consciências.

Também são códigos genéticos divinos que estão na base de formação da matéria, seja ela animada por espíritos (as pessoas e os animais) ou inanimada (a água, o ar, a terra, os minérios, os vegetais, os cristais). E estão na formação dos planetas, das estrelas, das constelações, das galáxias e do próprio universo.

- Uma pessoa tem o seu tipo físico definido por fatores de Deus.
- Um espírito tem a sua natureza e seu magnetismo definidos por fatores de Deus.

Deus gera fatores puros que vão se fundindo uns com os outros e vão formando fatores mistos, compostos e complexos.

As fusões de fatores puros não acontecem aleatoriamente, pois existem fatores opostos, paralelos, complementares e "sequentes" (os que só se fundem com fatores mistos ou compostos).

Mas o fato é esse: a gênese divina tem início nos fatores puros de Deus.

Nós, os seres, somos gerados por Ele em seu íntimo mais oculto ou em plano vibratório interno, ao qual damos o nome de útero gerador divino ou plano divino da criação.

Neste seu plano impenetrável está a origem de todos os processos genéticos divinos (geradores de divindades) e espirituais (geradores de espíritos).

Esses processos genéticos dão a qualidade de tudo o que geram no íntimo de Deus e possuem mecanismos divinos que regulam seus desdobramentos posteriores, que acontecem já nos planos externos da criação, e que são classificados por nós como "o exterior de Deus".

- No íntimo de Deus está a origem de tudo o que Ele gera ou cria.
- No Seu exterior estão os muitos planos da vida onde Seus processos genéticos vão se desdobrando e fazendo surgir tudo o que é necessário para que Sua obra divina vá se condensando em graus vibratórios cada vez mais densos, até que alcancem o grau vibratório da "matéria".

Mas esses desdobramentos vão acontecendo com todos os processos genéticos divinos e mesmo os espíritos vão se "densificando", até desenvolverem um magnetismo mental muito próximo do da matéria, pois, só assim, podem encarnar e viver em um corpo material.

Com isso explicado, então, podemos desenvolver nossos comentários sobre a gênese divina dos seres ou "A Androgenesia Divina".

Os Fatores de Deus

As dimensões paralelas à dimensão humana são muitas, e todas estão dentro de um único grau magnético da escala divina. Se são paralelas à dimensão humana, é porque adotamos a Terra como o centro do nosso universo físico. Se alguém souber onde fica o centro do universo e como chegar até ele, por favor, não faça segredo disso, pois desejamos conhecê-lo!

Afinal, para nós, o centro do universo está em Deus. E se Deus está em nós e no nosso planeta, e Ele está, então, para nós, aqui é o centro do "nosso" universo e nosso ponto de referência para conhecê-Lo, entendê-Lo e explicá-Lo, a partir de nossa capacidade intelectual "humana".

Então, vamos nos aprofundar no mistério da gênese, que criou o nosso universo físico e suas muitas dimensões da vida, todas paralelas umas com as outras, e todas infinitas em si, pois ninguém conseguiu achar o começo ou o fim delas ou dos seus níveis vibratórios, infinitos em si mesmo.

Sabemos que uma das causas da falta de religiosidade das pessoas são as gêneses "humanas" da criação divina. Elas são limitadíssimas e muito direcionadas para as coisas humanas. Logo, não retratam a origem das coisas, senão a partir de fatos mirabolantes, espantosos, imaginários ou sobrenaturais.

Mas nós sabemos que a criação divina é simples porque Deus Se repete e Se multiplica o tempo todo.

Afinal, a origem de uma pedra é a mesma de uma pedreira. A de um monte é a mesma de uma montanha. A de uma árvore é a mesma de uma floresta. A de uma molécula de água é a mesma de um oceano, etc.

Sim, porque o mesmo magnetismo que ligou o hidrogênio e o oxigênio, dando origem a uma molécula de água, é o responsável pela união de muitas delas, que deram origem aos oceanos.

O mesmo magnetismo atua tanto no micro quanto no macro, e tanto deu origem a uma molécula de água quanto a um oceano.

A esse magnetismo nós damos o nome de imanência divina ou "fator agregador".

Deus tem duas formas. Uma é interna e geradora e a outra é externa e imanente.

Na Sua imanência Ele está em tudo o que existe, pois se um átomo é minúsculo, no entanto, é a imanência divina que chamamos de "fator" agregador que o faz ser como é e o mantém em equilíbrio, que só é rompido pela ação de uma força superior à sua.

A mesma imanência divina, que dá forma e estabilidade a um átomo, dá forma e estabilidade ao nosso sistema solar, a uma constelação, galáxia, etc.

Essa imanência agrega, dá forma e estabiliza todas as coisas, porque ela é agregadora. É encontrada em nós, na própria forma do nosso corpo carnal ou espiritual. Mas, num nível imaterial, nós a encontramos nas ideias, pois uma ideia só está completa se todos os seus componentes forem se agregando e formando-a.

Para entender o que queremos dizer com "ideia", vamos recorrer a um procedimento banal: o ato de comer.

Se alguém nos convida para almoçar em sua casa, imediatamente nos ocorre que o ato de almoçar implica num horário, num comportamento e na ingestão dos vários alimentos postos à mesa.

Essa é a ideia que temos de um "almoço".

Mas se alguém nos convidar para pescar, teremos outra ideia, já que pescar implica outros "procedimentos".

Ideia é isso: um conjunto de pensamentos que formam um todo que define uma coisa, um ato, uma substância, etc.

A imanência vai agregando os componentes e chegamos a um ponto em que tudo já foi pensado, definido e formalizado. Daí em diante não precisamos repensar o que seja o ato de almoçar ou de pescar, porque a ideia que temos já está formada em nossa mente.

Imanência é magnetismo, que imanta as partes que formam uma coisa definida por si mesma.

Se falamos "fogo!", todos nos entendem porque têm uma "ideia" do que seja fogo. Mas se dissermos "gofo!", ninguém nos entenderá e ficarão curiosos. Mas se explicarmos que "gofo" é um anagrama de fogo, aí ficarão sabendo o que é, e quando ouvirem alguém falar esta palavra já terão um modo de responder porque farão uma ideia do que seja ou signifique "gofo".

A imanência agrega sílabas dispersas e dá forma a um termo, a uma palavra ou a uma ideia, que são coisas imateriais e pertencem ao campo do pensamento. E este tem no fator agregador a imanência que dá forma às coisas, define-as e permite-nos ter uma ideia definitiva de alguma coisa.

A imanência está em tudo. E, de agregação em agregação, Deus criou tudo o que existe.

Então, temos na imanência divina um fator agregador ou um "fator de Deus".

A onipresença é outro "fator de Deus" porque é a presença D'Ele em tudo o que existe.

A onisciência é outro "fator de Deus", pois se tudo está N'Ele, então de tudo Ele tem ciência.

Então, chegamos à raiz da gênese divina, pois ela tem início nos "fatores de Deus", ou como nós os chamamos: fatores divinos!

Os Fatores Divinos

Como dissemos linhas atrás, a imanência agregadora é um fator divino que atua na agregação de partes, que por si só já são definidas, mas que se forem reunidas darão origem a outra coisa, então vemos que na natureza há um fator divino que dá forma a tudo o que existe. E se tomarmos a substância água, veremos que é a imanência agregadora que liga átomos de hidrogênio e oxigênio, que dão origem às moléculas de água, que por esta imanência se atraem e formam as gotas, que se atraem e formam os lagos, etc.

Esta mesma imanência atua como fator agregador dos átomos de ferro que, agregados, dão origem ao minério ferro.

A imanência agregadora atua sobre tudo e sobre todos o tempo todo e durante todo o tempo porque é um fator divino que visa agregar os "afins" e não permite a agregação dos não afins.

Mas em todas as coisas a agregação não ocorre por acaso ou aleatoriamente. E se não ocorre é porque um outro fator divino, que chamamos de "fator ordenador", atua como ordenador das agregações.

Sim, porque se a fórmula química que define a substância água é H_2O, já H_4O não significa nada que conhecemos ou que nos seja útil, e talvez até nos seja prejudicial ou nem exista.

Se assim é, concluímos que junto com a imanência agregadora flui o fator ordenador, que não permite que átomos se liguem indistintamente.

O fator ordenador atua no sentido de só permitir que aconteçam as ligações preestabelecidas como úteis, equilibradas e aceitas como partes de um todo maior, que, no nosso caso, é o nosso planeta.

Tudo o que se formar fora de uma ordem preestabelecida é caótico, inútil, nocivo e desequilibrador, tanto no micro quanto no macro.

Então, já temos dois fatores de Deus ou fatores divinos: a agregação e a ordenação. São fatores que estão na origem das coisas e das espécies.

A imanência agregadora sustenta as ligações dos agregados e o fator ordenador regula o que está sendo formado, para que não gere coisas caóticas ou espécies deformadas, que seriam inúteis à criação divina, à manutenção da vida e à estabilidade da natureza.

Deus é imanentemente agregador e é ordenador!

Mas, para que a mesma imanência que formou os átomos de hidrogênio e de oxigênio seja ativada para que se agreguem "ordenadamente" e deem origem à substância água, existe um outro fator divino, que chamamos de fator evolutivo ou transmutador. Ele atua no sentido de criar as condições ideais para que duas coisas diferentes, mas afins, se liguem e deem origem a uma outra coisa, já composta e útil à vida.

O fator evolutivo permite a passagem de um estado para outro. Ele é sinônimo de crescimento, pois permite que coisas menores se liguem e deem origem a uma maior. Então, átomos afins passam a formar moléculas, que passam a formar substâncias, que são muito maiores e até visíveis, pois os átomos não eram!

Todas as coisas que podemos ver, tocar, sentir, etc., quando partidas, perdem suas qualidades, e suas partes (átomos) assumem suas qualidades individuais, consequentemente a coisa que era visível, palpável e sensível deixa de existir porque foi desagregada.

Então, temos isto: a imanência permite as ligações, a ordenação estabelece a forma como devem acontecer e a evolução direciona as ligações para que continuem acontecendo já em outras condições (estados) e passem a formar novas coisas.

O fator agregador liga.

O fator ordenador regula.

O fator evolutivo cria as condições para que as coisas passem de um estado para outro, no qual novas coisas se formam.

Agregação, ordenação e evolução!

Eis aí como a gênese acontece, porque são fatores divinos atuando nela e em tudo o que cria (idealiza) e gera (concebe).

Na agregação os afins se ligam.

Na ordenação as ligações só acontecem se forem equilibradas e atenderem a uma ordem preestabelecida.

Na evolução são criadas as condições para que novas ligações imanentes ocorram e novas coisas surjam ordenadamente.

A teoria evolucionista diz que as coisas surgiram a partir da agregação de átomos que deram origem às moléculas, que deram origem às substâncias. Mas não diz que uma imanência divina preexistente foi estabelecendo as ligações; que um fator ordenador foi descartando as ligações caóticas; e que o fator evolutivo foi criando as condições para que ocorressem novas ligações e surgissem novas "coisas".

Sabemos que estes três fatores que citamos são partes da genética divina ou gênese das coisas, e que há muitos outros fatores, tão atuantes quanto fundamentais.

Vamos listar alguns fatores de Deus ou fatores divinos que estão na origem ou gênese:

- Fator agregador
- Fator ordenador
- Fator evolutivo ou transmutador
- Fator conceptivo
- Fator gerador
- Fator equilibrador
- Fator racionalizador
- Fator diluidor
- Fator magnetizador
- Fator paralisador
- Fator criacionista
- Fator transformador
- Fator energizador
- Fator desenergizador
- Fator concentrador
- Fator expansor, etc.

Esses fatores, e muitos outros, atuam na gênese das coisas e são chamados de irradiações divinas, pois estão em tudo, em todos e em todos os lugares.

Quando um atua, sempre ativa outros, porque, para surgir algo novo, todo um anterior estado das coisas tem de ser paralisado, desenergizado, desmagnetizado e desagregado, senão deformará o que ali vier a ser criado.

Esses fatores divinos estão na origem de tudo. E muitos outros, que sequer imaginamos, porque são fatores compostos ou mistos, atuam sobre nós o tempo todo, ora nos estimulando, ora nos energizando ou nos paralisando porque estamos nos desarmonizando com o divino Criador.

Quando nos elevam é porque nossos sentimentos e anseios íntimos são positivos e virtuosos. Quando são negativos, aí absorvemos fatores que visam alterar nossa consciência e sentimentos íntimos negativados por pensamentos viciados.

Então, temos fatores ativos e passivos ou positivos e negativos.

Os fatores ativos vão nos movimentando ou estimulando até que criemos em nós as condições para nos transformarmos, desagregando velhos conceitos e iniciando a busca de novos, já em acordo com nossos anseios e necessidades evolutivas.

Sabemos que os elementos e as energias são os meios pelos quais absorvemos os fatores divinos, já que são tão sutis que, se não fossem assim, não teríamos como retê-los em nosso denso magnetismo mental.

Junto dos elementos ou energias, estamos absorvendo-os, internalizando-os e agregando-os ao nosso magnetismo, que pouco a pouco vai se imantando (ou fatorando) e adquirindo um padrão vibratório de acordo com nossa natureza íntima.

Sim, porque todo ser tem sua natureza individual, e em alguns ela é "aquática", em outros é "ígnea", em outros é "telúrica", etc.

Sabemos que o mistério "fatores divinos" está na origem de tudo, inclusive das hierarquias de Deus, que são as divindades.

As divindades "geram" energias fatoradas porque absorvem direto de Deus imensas quantidades de fatores divinos. Depois os irradiam, também em grandes quantidades, mas já adaptados aos seus padrões magnéticos, energéticos e vibratórios.

Essas energias fatoradas se distinguem umas das outras e, se estamos evoluindo sob a irradiação de uma divindade, então nossa natureza individual se imantará com o fator energético da "nossa divindade pessoal"; com o passar do tempo, assumimos atitudes semelhantes à dela, que é a regente (energizadora) do nosso mental.

Nos fatores encontramos a nossa gênese e identificamos por qual deles fomos imantados quando ainda vivíamos no útero divino da "mãe geradora da vida", pois é nele que somos distinguidos por Deus com uma de Suas características genéticas divinas.

Sim, todos nós somos herdeiros de uma "qualidade" de Deus, já que Ele possui todas, mas nós só estávamos aptos a ser distinguidos por uma.

Só que, como Deus é único em tudo o que gera e também em Suas qualidades, então, a que herdamos é divina, infinita, abrangente e inesgotável em recursos e faculdades derivadas ou qualificativas.

Assim, se em nossa origem fomos distinguidos por Deus com uma de Suas qualidades, ela nos influenciará em todos os aspectos de nossa vida.

Nós destacamos sete qualidades de Deus, que trazemos ao nosso nível Terra, e identificamos com os sete sentidos da vida, que são:

- Fé
- Amor
- Conhecimento
- Justiça
- Ordem
- Evolução
- Geração

As hierarquias divinas geradoras dos fatores que imantam essas qualidades divinas, já em nosso grau magnético planetário, nós identificamos com a hierarquia dos "Tronos" de Deus.

Então, temos sete Tronos de Deus, que são:

- O Trono da Fé
- O Trono do Amor
- O Trono do Conhecimento
- O Trono da Justiça
- O Trono da Ordem
- O Trono da Evolução
- O Trono da Geração

Esses sete Tronos formam um colegiado ou uma regência, onde estão assentados ao "redor" do Trono planetário, que é uma individualização do próprio divino Criador.

Esse divino Trono planetário traz em si todas as qualidades de Deus, já adaptadas ao nosso grau magnético dentro da escala divina, e reproduz, em nível planetário, uma escala só sua, que por ser divina, formou o magnetismo que desencadeou todo o processo de geração do nosso planeta Terra.

Sim. Este planeta não surgiu do nada ou por acaso. Ele antes foi pensado por Deus e só teve início assim que este pensamento divino manifestou-se por meio de um de seus "jovens" Tronos planetários, que projetou-se desde o "interior" do divino Criador para seu exterior, já como sua individualização em nível planetário.

No princípio do surgimento deste nosso planeta, o poderoso magnetismo do divino Trono planetário começou a gerar os fatores de Deus, e a atratividade era tanta que todas as energias que entravam em seu campo gravitacional foram sendo retidas e "compactadas", criando um caos energético semelhante a uma massa explosiva.

Quando o magnetismo divino do jovem Trono planetário esgotou sua capacidade de absorver energias do nosso universo material, ele deu início ao desdobramento de sua escala magnética e de sua qualidade ordenadora e geradora, análogas as de Deus, e surgiu uma escala magnética planetária.

Essa escala planetária tem a forma de uma cruz, cujo centro neutro equivale ao centro do magnetismo do divino Trono planetário, que no nosso caso é o "Divino Trono das Sete Encruzilhadas", um Trono já não tão jovem hoje porque desde que desdobrou-se já se passaram uns treze bilhões de anos solares.

Essa é a idade, ainda que aproximada, do início do surgimento ou da gênese do nosso planeta Terra.

A escala magnética divina do Divino Trono das Sete Encruzilhadas o caracteriza e o distingue porque ele tanto repete a escala divina no sentido vertical como no horizontal.

Esta é a escala magnética do divino Trono planetário:

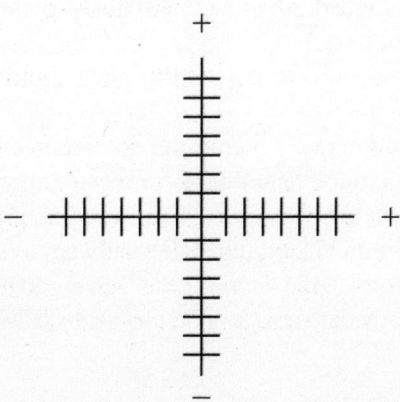

Ela forma sete graus vibratórios em cada um dos "braços" de sua "cruz", que se correspondem e repetem o mesmo magnetismo do divino Trono planetário, criando assim os níveis vibratórios ou graus magnéticos intermediários.

Esse magnetismo que mostramos graficamente está na origem do nosso planeta e é o responsável pela sustentação de tudo o que aqui existe e de todos os seres que aqui vivem.

Sabemos que o Divino Trono das Sete Encruzilhadas é uma individualização de Deus, que traz em si mesmo todas as qualidades divinas do divino Criador e, junto com incontáveis outros Tronos planetários, formam a hierarquia divina dos Tronos planetários que, no nosso grau magnético da escala divina, deram ou estão dando início à formação de planetas.

O nosso Trono das Sete Encruzilhadas e mais alguns outros semelhantes a ele "giram" em torno do "nosso" Trono Solar que, para nós, é o núcleo vivo de um macro-átomo divino.

Esses Tronos Solares formam as constelações que são regidas pelos "Tronos estelares", que formam uma hierarquia que gira em torno dos "Tronos galácticos", que giram em torno dos Tronos universais, que formam o primeiro nível de Deus e são, cada um em si mesmo, um dos graus magnéticos da escala divina.

Nós não sabemos onde se localiza o começo ou o final da escala divina. Então, por analogia com a escala magnética do Divino Trono das Sete Encruzilhadas, estabelecemos um ponto neutro para dividi-la em graus magnéticos superiores e inferiores ao do nosso universo, que não se resume só à sua dimensão física, já que dentro dele há outras dimensões e mesmo em nosso planeta temos muitas dimensões planetárias.

Em Deus tudo se repete e se multiplica, tanto no micro quanto no macro.

Então, sabendo que a hierarquia dos Tronos de Deus inicia-se com os divinos Tronos regentes do universo, agora podemos descrevê-la corretamente para que tenham uma noção aproximada da infinitude do divino Criador, que é ilimitado em todos os sentidos, e, no entanto, está num "grão de mostarda", tal como nos disse o mestre Jesus, que é em si mesmo uma individualização do divino Trono da Fé.

Bem, vamos à hierarquia dos Tronos de Deus:
1º Deus;
2º Tronos Regentes dos Universos (Tronos Universais);
3º Tronos Regentes das Galáxias (Tronos Galácticos);
4º Tronos Regentes das Constelações (Tronos Estelares);
5º Tronos Regentes das Estrelas (Tronos Solares);
6º Tronos Regentes dos Planetas (Tronos Planetários);
7º Tronos Regentes das Dimensões Planetárias (Tronos Dimensionais).

Esses Tronos cuidam da manutenção e estabilidade na criação divina e são em si mesmo individualizações de Deus, cada um adaptado ao seu grau vibratório na escala divina.

Mas outras hierarquias vão surgindo, a partir dos Tronos que regem esses níveis magnéticos da escala divina, e regem os subníveis magnéticos, auxiliando-os na manutenção da estabilidade, da ordem e da evolução.

Temos, ainda, as hierarquias dos Tronos atemporais:
- Trono das Energias;
- Trono do Tempo;
- Trono das Passagens;
- Trono da Vida;
- Trono da Renovação;
- Trono da Transformação;
- Trono Guardião.

Esses Tronos são "atemporais" porque não atuam a partir de um ponto fixo ou um ponto de forças magnético.

Eles, onde estiverem, se assentam e, ali mesmo, se desdobram e começam a atuar, sempre visando preservar ou restabelecer o "meio ambiente" onde se assentaram.

Nós, em nível planetário e multidimensional, temos os sete Tronos que formam a coroa regente planetária. Os sete Tronos assentados ao redor do Divino Trono das Sete Encruzilhadas são estes:
- Trono da Fé;
- Trono do Amor;

- Trono do Conhecimento;
- Trono da Justiça;
- Trono da Lei;
- Trono da Evolução;
- Trono da Geração.

Estes sete Tronos são as sete individualizações do Divino Trono das Sete Encruzilhadas, que se repetem e se multiplicam por meio deles, já que cada um dá início às suas próprias hierarquias. E se muitas são as dimensões da vida dentro do nosso planeta, em todas elas estes sete Tronos planetários multidimensionais criam uma hierarquia auxiliar, cujos membros vão ocupando os níveis vibratórios da escala magnética planetária. Estes Tronos regentes dos níveis vibratórios se repetem e se multiplicam nos Tronos regentes dos subníveis vibratórios, que atuam bem próximos dos seres, pois estão no nível mais próximo de nós e são as individualizações dos regentes das dimensões.

Se descrevemos parcialmente as hierarquias dos Tronos, é porque são geradores de energias fatoradas e as irradiam por intermédio dos sete sentidos.

Sabemos que todo ser foi distinguido em sua origem divina por uma qualidade de Deus e foi "fatorado" quando ainda vivia no útero da Divina Mãe Geradora. Então, este fator que nos "marcou" irá definir nossa herança genética divina e formará nossa natureza individual.

Sabemos também que um ser, ao alcançar um padrão magnético individual irradiante, começa a gerar energias e a irradiá-las para quem vibra no mesmo padrão, mas com magnetismo absorvente.

Uns sustentam os outros doando as energias que geram naturalmente. Nestas doações "individuais", os geradores vão influenciando os absorvedores e, imperceptivelmente, vão amoldando seus magnetismos, energias e natureza íntima. Ou não é verdade que um filho também herda dos pais seus hábitos, caráter e modo de viver?

Esta é a característica mais marcante da gênese divina, pois nada existe por si só ou só para si. Tudo se interpenetra, inter-relaciona e cria uma dependência mútua que dá estabilidade à criação, às criaturas, aos seres e às espécies.

Os fatores de Deus são a menor coisa que existe na criação e estão na gênese. Logo, as hierarquias divinas começam com a dos Tronos geradores de fatores puros, mas irradiados já a partir do seu grau magnético, em que estão atuando tanto na natureza quanto na vida dos seres.

Então, no início das hierarquias estão assentados os Tronos geradores de fatores divinos, e nós identificamos em nível Terra os Orixás, que são identificados tanto com os fatores divinos quanto com a natureza terrestre, assim como com a natureza íntima dos seres e com os sete sentidos da vida.

Sabendo disso, então, podemos estabelecer uma correspondência entre:

O Ogum individual de um médium e o Trono gerador do fator ordenador;

A Oxum individual de uma médium e o Trono gerador do fator agregador ou conceptivo;

O Xangô individual de um médium e o Trono gerador do fator equilibrador;

O Obaluaiê individual de um médium e o Trono gerador do fator evolutivo ou transmutador;

A Iemanjá individual de uma médium e o Trono gerador do fator geracionista ou criativista;

O Oxóssi individual de um médium e o Trono gerador do fator racionalizador ou expansor;

O Oxalá individual de um médium e o Trono gerador do fator congregador ou magnetizador;

A Obá individual de uma médium e o Trono gerador do fator concentrador ou afixador;

A Iansã individual de uma médium e o Trono gerador do fator direcionador ou mobilizador;

O Oxumaré individual de um médium e o Trono gerador do fator diluidor e renovador;

O Omolu individual de um médium e o Trono gerador do fator paralisador ou estabilizador;

A Oiá individual de uma médium e o Trono gerador do fator desmagnetizador ou cristalizador;

A Nanã individual de uma médium e o Trono gerador do fator estabilizador ou decantador;

A Egunitá individual de uma médium e o Trono gerador do fator condensador ou energizador;

A Pombagira de uma médium e o Trono gerador do fator desejo ou estimulador;

O Exu individual de um médium e o Trono gerador do fator transformador ou vitalizador.

Observem que listamos dezesseis individualizações, dezesseis fatores e dezesseis Tronos geradores de dezesseis qualidades divinas.

Observem também que se acrescentamos às sete irradiações da Umbanda os Tronos geradores dos fatores vitalizador e estimulador, é porque criam nos seres as condições de alterarem seus comportamentos e fornecerem recursos e estímulos até que as mudanças tenham ocorrido.

Sabemos que estes dezesseis fatores estão na raiz do mistério "Ifá" e deram origem ao jogo de "búzios", que são a arte divinatória que lida com o destino dos seres, assim como é identificador das ancestralidades.

Os búzios têm esta faculdade de identificar os fatores que estão atuando na vida de um ser ou dos que estão sendo bloqueados justamente porque o seu livre-arbítrio o afastou do seu caminho original por onde flui o seu "destino".

Se estabelecemos uma comparação entre os Tronos geradores de fatores e os Orixás individuais dos médiuns, é porque um Orixá é um Trono de Deus e mantém intacta a sua ancestralidade, pois nunca sofreu um desvio evolucionista e nunca encarnou. Então, tanto sua aparência quanto sua natureza íntima é bem visível, pois são afins com sua imantação original, acontecida no momento de sua geração. E a única coisa que diferencia um ser "Ogum" de outro ser "Ogum" é a qualificação de sua qualidade original ou divina, que no caso dos seres "Ogum" é a qualidade ordenadora e cuja natureza íntima é móvel ou aérea.

Então surgem:
- Oguns (ordenadores) das Agregações;
- Oguns (ordenadores) das Evoluções;
- Oguns (ordenadores) da Geração;
- Oguns (ordenadores) da Fé;
- Oguns (ordenadores) da Justiça;
- Oguns (ordenadores) do Conhecimento;
- Oguns (ordenadores) da Lei.

E se nos fixarmos no fator agregador e no Trono que o gera, chegamos ao Trono Oxum e nos seres Oxum, onde encontraremos isto:
- Oxuns (agregadoras) da Fé;
- Oxuns (agregadoras) da Lei;
- Oxuns (agregadoras) do Conhecimento;
- Oxuns (agregadoras) da Justiça;
- Oxuns (agregadoras) da Evolução;
- Oxuns (agregadoras) da Geração;
- Oxuns (agregadoras) do Amor (uniões).

Poderíamos listar todas as qualificações dos seres regidos pelos fatores divinos que absorveram no momento em que foram gerados e magnetizados com uma das qualidades do divino Criador. Mas cremos que, só mostrando os Oguns e as Oxuns, já entenderão a natureza dos seres e por que tudo se interpenetra.

Sim, porque se o fator ordenador ordena as agregações, o fator agregador agrega as ordenações.

Nós comentamos que na origem de tudo está Deus, que gera Suas hierarquias divinas e multiplica-se nelas infinitamente, multiplicando-as em cada grau magnético de Sua escala divina.

Os Fatores de Deus e os Seres

À palavra "fator", atribui-se os seguintes significados:
- *O que determina ou faz alguma coisa.*
- *Cada um dos termos da multiplicação.*
- *Cada um dos elementos que concorrem para um resultado.*
- *Causa germinal nos caracteres hereditários.*

Os Ácidos Nucleicos

Os ácidos nucleicos são substâncias orgânicas bastante complexas que se apresentam nas células com duas importantes funções: coordenar a síntese de todas as proteínas celulares e transmitir informações genéticas de ascendentes a descendentes, em todas as categorias de seres vivos. As unidades estruturais de um ácido nucleico são as mesmas tanto numa bactéria quanto num mamífero. O que prova que o mecanismo da hereditariedade é igual em todos os sistemas viventes.

A Energia Divina

A energia divina é a mais sutil e refinada que existe, pois é energia viva, em estado puro e capaz de transmitir de si as qualidades (fatores) só encontradas em Deus, que a emana de Si e, a partir dela, dá início à Sua criação divina, a qual Ele sustenta e expande ao infinito, pois Sua energia viva vai se fundindo, desde o seu estado puro ou virginal até o seu estado composto ou material, sem nunca perder a qualidade original.

Na fusão da energia viva de Deus, ou da energia divina, está a origem de códigos genéticos específicos e que dão origem a naturezas distintas, que distinguem as divindades (os Orixás) e suas filiações ou descendências.

A energia divina pode ser comparada aos ácidos nucleicos que dão origem ao DNA e ao RNA, pois ela dá origem aos fatores de Deus, os quais transmitem as características hereditárias dos seres gerados por Ele mas fatorados por suas divindades, cada uma geradora natural de uma de Suas qualidade divinas, determinadoras da natureza íntima dos seres. Eis aqui a classificação dos seres:

- Religiosos;
- Criativos;
- Ordenadores;
- Conceptivos;
- Judiciosos;
- Expansores;
- Transmutadores.

Se assim são os seres, é porque são qualificados fatorados e magnetizados nas suas origens pelo magnetismo das ondas vivas fatorais das divindades, que têm como atribuição divina a função de gerarem determinadas estruturas energéticas (as estrelas da vida) magnetizadas, que acolherão e abrigarão os seres gerados por Deus e emanados por Ele para o Seu plano fatoral ou seu exterior mais sutil e refinado que, em verdade, é um infinito útero gerador divino, em que os seres recém-emanados têm seu primeiro contato com o mundo exterior.

Ali, nesse útero divino, os seres são como centelhas vivas que pulsam, mas ainda são totalmente inconscientes da própria existência, tal como um feto no útero da mãe.

As divindades não geram seres, pois esse é um atributo exclusivo de Deus. Mas elas têm a função de gerarem estruturas energéticas vivas que (tal como o feto, destina-se a abrigar o espírito) abrigarão os seres emanados por Deus, e que terão nessas estruturas um campo magnético que os protegerá das energias vivas existentes nesse útero gerador divino.

Saibam que, assim que um espermatozoide penetra no interior de um óvulo, este torna-se impermeável aos outros, que logo se diluirão. E assim que ele alcança o núcleo do óvulo e acontece a fusão, imediatamente é projetada uma onda viva divina que vai alcançar o mental do espírito, que mais adiante será encolhido ao tamanho do corpo e irá animá-lo com uma inteligência viva.

E o mesmo acontece no plano fatoral da criação, pois assim que a parte masculina de um fator funde-se com a sua parte feminina, ou com a parte feminina de um outro fator, imediatamente começa a se formar uma estrutura energética (uma estrela viva) que, só então, projeta uma onda vibratória viva que penetra no plano primordial da criação e liga-se ao "mental" de um ser gerado por Deus e que ainda vive em Seu "interior".

A partir dessa ligação, feita por meio de uma onda viva, todo o processo tem início e tanto a estrela viva começa a desenvolver sua estrutura magnética e energética, como o ser original, que ainda vive em Deus, começa a sofrer um adormecimento, até que, quando a sua estrela viva da vida estiver formada e bem delineada, ele é puxado para dentro dela, ocupando-a totalmente e animando-a com sua inteligência e qualidade divina original, herdadas de Deus, o Seu criador divino.

Assim, se o ser foi gerado por Deus na Sua qualidade da "Fé", ocupará uma estrela viva gerada pelos Tronos masculinos e femininos da Fé (Oxalá e Oiá) e será distinguido em sua ancestralidade pelo Trono da Fé, que o magnetizará e o individualizará, dando-lhe todo o amparo necessário para que nada lhe falte enquanto estiver desenvolvendo-se no útero divino, que é o plano fatoral da vida.

E nele, o ser, ainda uma centelha pulsante, permanecerá até que tenha desenvolvido seu campo magnético mental, que protegerá sua herança divina herdada de Deus e magnetizada e formada por um dos seus Tronos fatorais.

Um casal, aqui na Terra, não gera o espírito que ocupará o corpo físico e o animará com sua inteligência, assim como os Tronos fatorais não geram seres, mas tão somente as estruturas energéticas que abrigarão os seres gerados e emanados por Deus.

Mas, assim como o pai e a mãe transmitirão as suas características aos seus filhos, o mesmo fazem os Tronos fatorais pois, ao magnetizá-los em suas estrelas vivas, os qualificam com suas características e os distinguem com suas naturezas divinas imantadoras dos seres, seus filhos, os quais herdarão deles suas qualidades, atributos e atribuições, assim como seus caracteres, naturezas íntimas e modos de ser e de portar-se.

Assim, surgem as filiações divinas ou hereditariedades dos Tronos de Deus, os nossos Orixás. Senhores dos oris (coroas).

- Temos as filiações puras quando os seres são fatorados pelas duas partes de um mesmo fator.
- Temos as filiações mistas quando os seres são fatorados pela parte masculina de um fator e pela feminina de outro fator.

Nas fatorações puras ou mistas sobressaem as naturezas dos Orixás predominantes, que deram a forma da estrela viva que abrigou o ser emanado por Deus e o magnetizou, distinguindo-o em "ser macho" ou "ser fêmea".

Se foi a parte masculina de um fator que predominou, surgirá uma estrutura energética (um código genético) masculina, e quem magnetizará o novo ser, imantando-o com sua qualidade, será um Orixá masculino. E vice-versa, se for a parte feminina de um fator.

Nós descreveremos os sete Tronos fatorais de Deus de uma forma indiferenciada, e assim temos:

- Trono da Fé .... Fator Congregador
- Trono do Amor .... Fator Agregador
- Trono do Conhecimento .... Fator Expansor

- Trono da Justiça .... Fator Equilibrador
- Trono da Lei .... Fator Ordenador
- Trono da Evolução .... Fator Transmutador
- Trono da Geração .... Fator Criacionista

Só que esses sete Tronos fatoradores e que dão origem a sete estruturas da inteligência, do pensamento e da vida, se estudados a fundo, mostram-nos que são complexos e são "formados" por Tronos fatorais geradores das partes masculinas e femininas de um fator puro.

As partes de um fator puro são: duas masculinas e duas femininas.

As partes masculinas, uma positiva e outra, negativa; uma é ativa e a outra, passiva; uma é irradiante e a outra, atrativa ou concentrada. E o mesmo acontece com as duas partes femininas.

Uma parte, seja masculina ou feminina, positiva ou negativa, tanto pode ser ativa quanto passiva, pois se o Orixá Oxalá é masculino e positivo, seu magnetismo é passivo. E se Oiá é feminina e positiva, seu magnetismo é ativo.

- Positivo: indicamos com o sinal (+)
- Negativo: indicamos com o sinal (-)
- Passivo: indicamos com o sinal (+)
- Ativo: indicamos com o sinal (-)
- Masculino: indicamos com o sinal (+)
- Feminino: indicamos com o sinal (-)
- Irradiante: indicamos com o sinal (+)
- Concentrador: indicamos o sinal (-)
- Universal: indicamos com o sinal (+)
- Cósmico: indicamos com o sinal (-)

O que importa ser afixado é que só Deus gera os seres, tantos os dotados de uma inteligência superior quanto os dotados de uma inteligência instintiva (as criaturas ou animais selvagens).

Até onde podemos revelar, dizemos isso:

- As partes masculinas e femininas positivas destinam-se à fatoração dos seres superiores (espíritos).

- As partes masculinas e femininas negativas destinam-se aos seres inferiores (as criaturas ou animais dotadas só de instintos).

Os animais são dotados dos instintos de sobrevivência, de defesa, de multiplicação das suas espécies, de convivência dentro da mesma espécie, etc. Mas são totalmente dependentes da natureza e só sobrevivem em nichos, climas e regiões específicas.

Já as espécies superiores ou os "espíritos", são dotados de discernimento e adaptabilidade, sobrevivendo mesmo nos meios naturais mais adversos possíveis. Além disso, possuem todos os instintos das espécies inferiores.

Um fator, por gerar as estruturas dos seres superiores e dos inferiores, explica as associações feitas pelos intérpretes dos Orixás quando dizem que tal animal é de Ogum ou de Oxóssi, etc.

Se isto acontece, e é verdade, é porque esses Orixás são regidos pelos mesmos fatores, cujas partes negativas destinam-se às espécies instintivas ou inferiores. E o mesmo acontece com os vegetais, os frutos, as pedras, todos formados a partir de modelos magnéticos-energéticos fatorais.

Com isso explicado, então, podemos resumir assim as funções dos fatores divinos:

"Os fatores divinos são estruturas que determinam as formas, as naturezas, as qualidades e as características de tudo o que Deus criou, sejam os seres vivos ou os meios onde vivem".

Os fatores determinam tudo e, se estudarmos uma pessoa, uma planta, um animal, uma pedra gemológica, um fruto, uma semente, etc., encontraremos qual ou quais fatores participaram de sua genética.

A partir do momento em que temos os seus modelos e sabemos como identificá-los, podemos descobrir de qual Orixá uma pessoa "descende", a qual deles pertence determinada erva ou pedra, etc.

Sim, porque tudo no nosso planeta, em suas muitas dimensões, é regido a partir de sete estruturas básicas fatorais.

Nós temos sete estruturas de formação ou sete códigos genéticos divinos que determinam a forma e a natureza de tudo o que existe. E possíveis variantes são só a fusão de fatores diferentes, mas sempre possíveis de serem identificados.

Estas são as sete estruturas fatoriais:
- Cristalina ou congregadora;
- Mineral ou agregadora;
- Vegetal ou expansora;
- Ígnea ou equilibradora;
- Eólica ou ordenadora;
- Telúrica ou evolutiva;
- Aquática ou geradora.

Essas sete estruturas fatoriais estão na base da própria formação do nosso planeta, assim como estão na dos sete sentidos dos seres, que são:
- Sentido da fé ou da religiosidade;
- Sentido do amor ou da concepção;
- Sentido do conhecimento ou do raciocínio;
- Sentido da justiça ou da razão;
- Sentido da lei ou da moral;
- Sentido da evolução ou do saber;
- Sentido da geração ou da criatividade.

Essas sete estruturas de formação, se aplicadas às sociedades, são encontradas nas estruturas religiosas, judiciárias, militares, universitárias, artísticas, etc. Basta conhecê-las e saber identificá-las.

As sete estruturas ou sete códigos genéticos divinos formadores de tudo o que aqui existe não são complicadas mas, tão somente, complexas. Portanto, é preciso desenvolver a percepção para identificá-las nos seus aspectos principais, visíveis nas suas formas básicas ou modelos identificadores de suas características fundamentais.

Assimilando esses modelos identificadores, tudo começa a ser visível, identificável e associado pelo processo analógico ou pela própria simbologia, pois todos os modelos são "estrelas da vida" ou estruturas de crescimentos.

Comentário sobre a Hereditariedade Divina dos Seres

Com Ogum e Iansã nos estenderemos nos comentários paralelos, pois precisamos desenvolver uma estrutura para a abordagem das características hereditárias dos filhos dos Orixás, gerados por Deus em suas ondas fatorais. Mas, depois deles, só descreveremos as outras ondas, os seus fatores, os Orixás que ocupam seus dois polos magnéticos e as características de seus filhos.

Assim, cremos que ficará mais fácil o entendimento e a fixação da androgenesia dos seres, pois as características que herdamos das divindades que nos fatoraram em nossa origem aplicam-se a todos os seres humanos, e não só aos adoradores dos Orixás. Afinal, as divindades estão no todo, que é Deus, e são em si Suas qualidades. Logo, limitá-los só aos umbandistas é um contrassenso.

Sabemos que as características hereditárias de uma divindade são encontradas em todos os seres humanos, não importando sua cor, raça, religião ou cultura, e também a época em que viveram.

Sabemos também que um fator tem uma parte positiva e outra negativa, e que cada parte tem seu polo macho e seu polo fêmea. Se demonstrarmos graficamente, teremos:

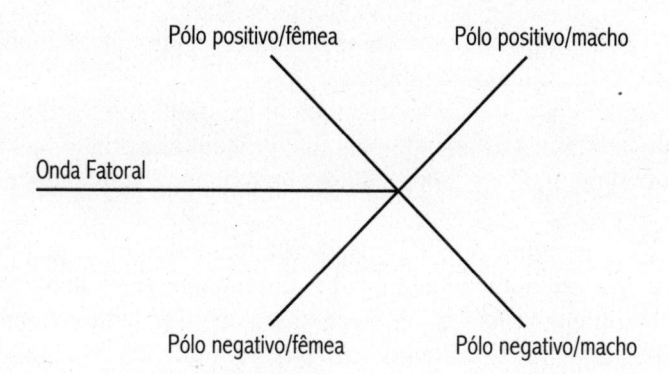

```
   Pólo positivo/fêmea        Pólo positivo/macho
                    \         /
                     \       /
    Onda Fatoral      \     /
                       \   /
                        \ /
                        / \
                       /   \
                      /     \
                     /       \
   Pólo negativo/fêmea        Pólo negativo/macho
```

Esta distribuição dos polos de um fator está na origem da ciência do X ou dos entrecruzamentos, mostrada por nós na ciência divina do Código de Umbanda.

Sabemos que uma onda fatoral divina é tão completa em si que rege todas as coisas originadas em sua qualidade; influi sobre a formação de tudo o que tem nela sua origem; alcança tudo e todos em todos os quadrantes do universo, ou da tela plana, demonstradora do lugar ocupado por cada divindade; e está presente na vida de todos os seres.

Sabemos também que a parte positiva de um fator rege sobre a razão, e que a parte negativa rege sobre os instintos. Que a parte positiva rege sobre os seres e a parte negativa rege sobre as criaturas, que normalmente chamamos de animais irracionais.

Por isso cada Orixá tem os seus animais, que em verdade são criaturas instintivas geradas por Deus em suas ondas fatorais.

Sabemos que uma onda fatoral é uma "faculdade" criadora do divino Criador, que gera nela os seres, as criaturas e as espécies que serão regidas por essa Sua irradiação divina.

Num animal, numa folha, numa raiz, num elemento, numa substância, etc., nós encontraremos a qualidade que a onda traz em si. E, porque uma onda está em tudo o que Deus cria, então encontraremos sua presença em algum aspecto do que estudarmos.

Se o que estudarmos foi gerado na onda fatoral, que dá origem à irradiação ordenadora da Lei Maior, aí nós encontraremos a qualidade dessa onda como a principal característica do objeto do nosso estudo. Já as qualidades das outras ondas, encontraremos como suas qualidades secundárias.

As alternâncias são tantas que é impossível sermos taxativos quanto à natureza de um ser, pois suas reações são previsíveis num quadro geral, mas são imprevisíveis num quadro individual, particular e pessoal.

Como exemplo, podemos citar o caso das formigas e das cobras, pois se no geral as formigas cortam as folhas dos vegetais para extraírem delas seus alimentos, e as cobras se alimentam de algumas espécies de animais, que puderem capturar e engolir, no entanto, cada espécie de formiga aprecia mais uma espécie vegetal e cada espécie de cobra aprecia mais uma espécie de animal, que captura com mais facilidade.

Algumas formigas apreciam folhas cítricas e outras apreciam folhas de leguminosas.

Certos vegetais têm mais cálcio, outros têm mais fósforo, outros têm mais potássio, e isto os tornam mais atrativos para uma espécie de formigas, e menos para as outras espécies.

O mesmo se aplica às cobras em relação às suas presas preferidas.

Trazendo esse raciocínio para os seres, nós vemos tudo se repetir no comportamento humano, pois uma pessoa aprecia mais uma fruta e outra aprecia mais um outro tipo de fruta. Uma pessoa aprecia estudar uma matéria escolar e outra pessoa detesta essa matéria.

Esse raciocínio se aplica a todos os seres, a todas as criaturas e a todas as espécies, pois até entre os microorganismos vemos isso acontecer. Nos vegetais, o mesmo se repete, pois num solo uns se desenvolvem bem e outros, não; num clima uns dão muitos frutos e outros, nenhum.

Nas pessoas, vemos umas gostarem das coisas religiosas, outras de esportes, outras da física, outras da matemática, etc.

Nos comportamentos vemos uns gostarem de roupas coloridas e outros gostarem de roupas sóbrias, etc.

No amor, vemos uns (umas) gostarem de pessoas alegres, extrovertidas, apaixonantes, e outros(as) gostarem de pessoas discretas, introvertidas e bem racionais, etc.

Pensando bem sobre o que aqui estamos comentando, concluímos que tudo isto está nas características que herdamos das divindades e distinguem nossa natureza individual, marcando-nos e diferenciando-nos de todas as outras pessoas que são nossos semelhantes, mas não são nossos iguais.

Essa androgenesia divina, que adquirimos nas ondas fatorais, está na nossa hereditariedade e é a base da astrologia, da numerologia, da cabala, do tarô, da quiromancia, da radiestesia, da magnetologia, da química, da física, etc., porque está na base da criação divina que gerou tudo o que existe, seja animado ou inanimado, e está na base ou origem dos elementos, das energias, das naturezas, do universo e das divindades de Deus.

É certo que o meio altera alguns aspectos ou características de algo ou de alguém. Mas a sua qualidade original e caráter básico, estes sempre aflorarão e se mostrarão ao bom observador.

- Os caldeus desenvolveram a astrologia para conhecerem os seres, as criaturas e as espécies e para atuarem sobre os fatores imponderáveis.
- Os israelitas desenvolveram a cabala com o mesmo objetivo.
- Os egípcios desenvolveram as lâminas do tarô.
- Já os adoradores dos Orixás, estudaram os seres a partir de suas descendências divinas, classificaram-nos pela hereditariedade divina, desenvolveram o jogo dos búzios e os odus ou destinos, e foram mais fundo nessa linha de estudo, pois por meio dos búzios descobrem qual divindade rege a coroa de uma pessoa, como ela é e o que tem que fazer para alinhar-se com seu regente ancestral, com o regente de sua presente encarnação e com o regente dos seus instintos básicos.

Os búzios não são como a astrologia, a numerologia, a quiromancia ou o tarô, pois, antes de mais nada, já mostram a quem consultá-los, sua filiação divina, sua hereditariedade, e se está encontrando dificuldades é porque está distante do seu regente ancestral.

Fiéis de outras religiões, por desconhecimento de causa, chamam os adoradores dos Orixás de ignorantes. Mas se observassem a magnificência da ciência dos Orixás, se calariam pois cabala, tarô, astrologia e numerologia não revelam a nossa ancestralidade. Já os búzios revelam o passado, o presente e o futuro de uma pessoa porque estão fundamentados na "androgenesia" divina dos seres.

Para alguém ser filho de Ogum não é preciso ser africano ou ter nascido na Nigéria, pois Ogum é uma divindade de Deus que é em si Sua qualidade ordenadora. E todo ser que for manifestador dessa qualidade de Deus, só a manifesta porque foi fatorado em sua origem com ela por Ogum, a ordenação divina.

Logo, seja chinês, hindu, judeu, italiano, grego, árabe, polinésio, brasileiro ou nigeriano, se foi fatorado por Deus na sua qualidade ordenadora, então sua natureza é ordenadora e sua ancestralidade divina é encontrada em Ogum, o Orixá que rege sua coroa, seu ori.

Sabemos que temos sete chacras principais, assim distribuídos:

Coronal .... topo da cabeça ou ori
Frontal .... na testa, um pouco acima dos olhos
Laríngeo .... na garganta
Cardíaco .... no peito, sobre o coração
Plexo Solar .... um pouco abaixo do umbigo
Esplênico .... sobre o baço
Básico .... na região sacra

E nenhum desses chacras pertence exclusivamente a um só Orixá, mas sim, dependendo do Orixá que fatorou e rege a ancestralidade de uma pessoa, aí esse é o regente do ori, da cabeça do médium e do chacra coronal. E nesse mesmo chacra os outros Orixás estarão presentes como qualidades secundárias, pois a principal sempre será a do Orixá que o fatorou.

E o mesmo acontecerá nos outros seis chacras, pois se Oxóssi, por exemplo, reger o coronal, ao redor dele estarão os outros Orixás, numa distribuição que forma uma coroa, ou roda, só encontrada naquela pessoa, pois no chacra frontal será outro Orixá que o regerá e formará nova coroa frontal, ou roda, com nova distribuição de qualidades que secundarão a principal, que se sobressairá e marcará a evolução do ser.

Para entender tudo isto, digamos que Oxóssi rege o chacra coronal e o ser é regido pela irradiação do conhecimento, pois sua qualidade original é o fator do raciocínio. A fé, a justiça, a lei, a evolução, a geração e o amor serão qualidades secundárias nesse ser regido por Oxóssi, e uma delas qualificará seu conhecimento que, caso seja o fator de Oxalá, aí o chacra frontal será regido por esse Orixá que rege sobre a fé, pois é em si essa qualidade de Deus.

Então, Oxóssi o regerá e Oxalá o direcionará, pois é um ser ligado verticalmente à irradiação do conhecimento divino, mas que sente atração pelas coisas religiosas, que lhe chegarão por intermédio da corrente eletromagnética cristalina, regida por Oxalá.

Sabemos que só os chacras coronal e básico captam as irradiações verticais, sendo que o coronal capta de um polo positivo ou do "alto", e o básico capta de um polo negativo ou do "embaixo". Já os chacras laríngeo, cardíaco, umbilical, esplênico, e no nosso exemplo, o frontal, só captam das correntes eletromagnéticas, que são captações horizontais.

Como esse ser do nosso exemplo é regido por Oxóssi e guiado por Oxalá é estimulado pela irradiação do conhecimento e guiado na busca dos conhecimentos religiosos, então sua natureza íntima será especulativa nos assuntos da fé, e ele será um teólogo, um místico, um sacerdote ou um profundo religioso.

Mas, se sua coroa for regida por Oxóssi, e for Xangô que rege seu chacra frontal, aí tudo muda, pois em vez de ser atraído e guiado para os assuntos da fé, será atraído pelos da justiça e será um buscador dos conhecimentos jurídicos, os quais aplicará no seu dia a dia. E, com certeza, este ser será um consultor jurídico um advogado, um conselheiro, um professor de assuntos jurídicos, etc.

Observando bem o que comentamos, o mesmo acontecerá no chacra laríngeo, no cardíaco, no umbilical, no esplênico. Já o básico, influenciará a distribuição que acontecerá em sentido inverso ou de baixo para cima.

Essas distribuições principais e secundárias dos Orixás nos sete chacras dão tantas combinações que uma pessoa nunca será cem por cento igual à outra em todos os sentidos, pois sempre haverá alterações na distribuição dos Orixás, de pessoa para pessoa. E elas os caracterizarão mesmo, diferenciando-os.

Se todos são semelhantes no aspecto geral, no individual ninguém é igual a ninguém, justamente por causa dessas alterações.

Tudo que aplicamos aos chacras, aplica-se à astrologia, pois se um ser nasce sob a regência de um determinado planeta, outros também influirão sobre sua natureza íntima e o diferenciarão de alguém nascido sob a regência do mesmo planeta, mas em outra hora ou dia.

Uma qualidade está em todas as outras, e um Orixá gera em si suas divindades intermediárias, que geram em si suas divindades intermediadoras.

Assim, se a irradiação do conhecimento rege o chacra coronal ou o ori de uma pessoa, essa irradiação receberá todas as outras e o veremos assim:

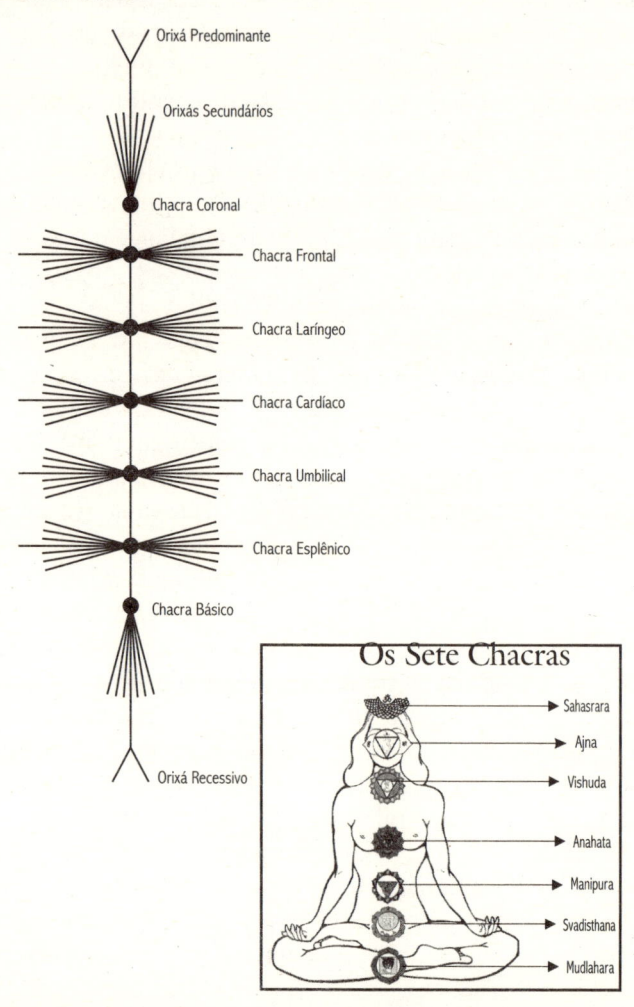

Por meio da ilustração podemos visualizar como é a captação dos chacras e a posição dos dois que captam irradiações verticais e dos outros, que em verdade são duplos, pois são bipolares. Pela frente captam energias positivas e por trás captam energias negativas.

Com isto comentado, então podemos imaginar o imenso número de combinações possíveis e mesmo que aconteça a repetição de combinações num chacra, nos outros dificilmente elas se repetirão. E com isso cada ser, dentro de uma natureza geral, tem a sua, que é individual e o torna único entre todos os seres.

Então temos que nos manter dentro de certos limites em que as características dos seres podem ser identificadas pela observação, e comprovadas pelas atitudes e reações de cada um. E foi isso que fizeram os babalaôs africanos quando formularam a "androgenesia" ou hereditariedade divina dos filhos dos Orixás, pois viram que em alguns aspectos gerais os filhos de um Orixá se pareciam, assim como suas atitudes e suas reações tinham a ver com as dos espíritos naturais e dos Orixás individuais que eles incorporavam.

Então, criaram todo um conhecimento simples e funcional para comprovarem o que os búzios revelam no jogo de Ifá.

Portanto, não estamos criando nada de novo nesse campo do conhecimento religioso africano, mas sim, acrescentaremos os fatores, as qualidades divinas e diferenciaremos os filhos das divindades, pois filhas de Oxum não são filhas de Iansã, e filhos de Omolu não são filhos de Obaluaiê, ainda que tenham certas características comuns a estes Orixás, pois como já ressaltamos, uma qualidade está em tudo o que existe, inclusive nas divindades de Deus.

Também advertimos que não devem levar ao pé da letra a descrição das características aqui colocada, pois todos estão em contínua evolução e vão superando suas características negativas, apurando as positivas. Afinal, evolução é transformação contínua. E todos estamos evoluindo o tempo todo!

A Fatoração dos Seres

Na ancestralidade, os Orixás masculinos fatoram e qualificam os seres machos, pois seu fator predominará nos seres fatorados por eles. E os Orixás femininos fatoram e qualificam os seres fêmeas, pois seu fator predominará nos seres fatorados por elas.

Lembremo-nos de que os Orixás não geram seres, porque esse é um atributo exclusivo de Deus, que os gera de Si, mas ainda não diferenciados, pois as centelhas vivas emanadas por Ele não se distinguem e todas, nas suas gerações, são iguais. Mas assim que duas partes de fatores (uma masculina e outra feminina) se fundem, repetem a fusão do óvulo e do espermatozoide e projetam uma onda viva divina que liga-se a uma centelha viva (um ser) ainda no íntimo de Deus, e a puxa para o plano fatoral da vida, onde ela animará o composto energético formado pela fusão das duas partes dos fatores. Esse composto será o corpo vivo, que abrigará o novo ser e o magnetizará e o qualificará com a natureza e genética dos Orixás geradores das partes dos fatores que deram-lhe um "corpo energético" ou sua "estrela da vida".

Dessas duas partes, uma predominará e distinguirá o novo ser, emanado por Deus, como ser macho ou ser fêmea. E o novo ser, se for macho, assumirá as feições e características do seu pai fatorador; se for fêmea, assumirá as feições e características de sua mãe fatoradora.

Os Fatores e as Sete Estruturas Básicas

Estrutura Religiosa
Fator Congregador
(Fé)
{ Oxalá – Magnetizador

Oiá – Cristalizadora }

Estrutura Conceptiva
Fator Agregador
(Amor)
{ Oxum – Conceptiva

Oxumaré – Renovador }

Estrutura Expansora
Fator Expansor
(Conhecimento)
{ Oxóssi – Expansor

Obá – Concentradora }

Estrutura Judiciária
Fator Equilibrador
(Justiça)
{ Xangô – Racionalizador

Egunitá – Energizadora }

Estrutura Militar
Fator Ordenador
(Lei)
{ Ogum – Ordenador

Iansã – Direcionadora }

Estrutura Evolutiva
Fator Evolutivo
(Saber)
$\begin{cases} \text{Obaluaiê – Transmutador} \\ \text{Nanã – Decantadora} \end{cases}$

Estrutura Geradora
Fator Gerador
(Vida)
$\begin{cases} \text{Iemanjá – Criacionista} \\ \text{Omolu – Estabilizador} \end{cases}$

Os Fatores de Deus e os Aspectos dos Orixás

O estudo dos aspectos ou qualidades dos Orixás é muito importante. Por meio da manifestação de determinados sentimentos em nosso íntimo podemos estabelecer se estamos absorvendo a parte positiva ou negativa de um fator.

Geralmente absorvemos as partes positivas deles, que têm o poder de fortalecer o nosso virtuosismo e manter-nos dentro do grau vibratório mental humano.

Mas, caso desenvolvamos em nosso íntimo sentimentos classificados como negativos ou viciados, então alteramos nosso magnetismo mental, e a própria mudança vibratória já começa a absorver por intermédio dos chacras as partes negativas dos fatores relacionadas a eles.

Como exemplo, tomaremos o amor:

Amor é sinônimo de união e harmonização.

Já o sentimento oposto a ele é o ciúme, que é sinônimo de desconfiança e insegurança.

Com isso em mente, então, ao ver uma pessoa ciumenta, ali também estará uma pessoa desconfiada e insegura em relação ao objeto que desperta nela o ciúme. Se inquirirem-na sobre a razão do seu ciúme "doentio", com certeza ela negará que sente ciúme e dirá que o que sente é atração ou amor.

Esse exemplo pode ser transposto para os outros sentidos da vida e sempre encontraremos os sentimentos virtuosos ou seus opostos negativos.

Vejamos os aspectos positivos e negativos dos Orixás, os geradores naturais dos fatores de Deus.

Os Aspectos Positivos dos Orixás

- Oxalá é magnetizador da Fé;
- Oiá é cristalizadora da Religiosidade;

- Oxum é concebedora do Amor;
- Oxumaré é renovador da Concepção;

- Oxóssi é expansor do Conhecimento;
- Obá é concentradora do Raciocínio;

- Xangô é equilibrador da Justiça;
- Egunitá é energizadora da Razão;

- Ogum é ordenador da Lei;
- Iansã é direcionadora do Caráter;

- Obaluaiê é transmutador da Evolução;
- Nanã é decantadora dos sentidos;

- Iemanjá é geradora da Criatividade;
- Omolu é estabilizador da Geração.

Os Aspectos Negativos dos Orixás

- Oxalá, em seu aspecto oposto ou negativo, gera a ilusão;
- Oiá, em seu aspecto oposto ou negativo, gera o fanatismo;
- Oxum, em seu aspecto oposto ou negativo, gera o ciúme;
- Oxumaré, em seu aspecto oposto ou negativo, gera a permissividade;
- Oxóssi, em seu aspecto oposto ou negativo, gera a dispersão;
- Obá, em seu aspecto oposto ou negativo, gera a petrificação;
- Xangô, em seu aspecto oposto ou negativo, gera o desequilíbrio;
- Egunitá, em seu aspecto oposto ou negativo, gera a fraqueza;
- Ogum, em seu aspecto oposto ou negativo, gera a confusão;
- Iansã, em seu aspecto oposto ou negativo, gera o imobilismo;
- Obaluaiê, em seu aspecto oposto ou negativo, gera a apatia;
- Nanã, em seu aspecto oposto ou negativo, gera a senilidade;
- Iemanjá, em seu aspecto oposto ou negativo, gera a esterilidade;
- Omolu, em seu aspecto oposto ou negativo, gera a paralisia.

É muito importante o estudo dos aspectos opostos ou negativos dos Orixás pois, a partir da identificação das partes negativas de um fator que uma pessoa está absorvendo, é possível ajudá-la a substituir seus sentimentos negativos por outros, já positivos, e alterar tanto a sua psique quanto seu magnetismo mental. Fato esse que a torna mais calma, sensata madura e cordata ou compreensiva.

Sabemos que é a partir da absorção das partes negativas dos fatores que uma pessoa torna-se mentalmente acessível a atuações espirituais tormentosas, pois a sua própria afinidade "magnética" começa a atrair os seus "semelhantes".

- Pessoas ciumentas atraem espíritos possessivos;
- Pessoas descrentes atraem espíritos iludidos;
- Pessoas permissivas atraem espíritos devassos;
- Pessoas degeneradas atraem espíritos viciosos.

E assim, sucessivamente, pois os afins se atraem mesmo, tanto nos aspectos positivos como nos negativos.

Portanto, vigiem vossos sentimentos íntimos e os anulem caso forem negativos, senão não terão como alterar as vossas companhias.

A frase dita pelo mestre Jesus é reveladora, pois só "andamos" com quem nos é afim.

"Diga com quem andas que te direi quem és."

E nós dizemos isso: "Diga que sentimentos íntimos vibras e te diremos quem atrairás".

A Hereditariedade e o Caráter Divino dos Orixás

Deus cria e gera tudo, e tudo foi criado e gerado N'Ele, que está na origem de tudo o que existe, seja animado ou inanimado, material ou imaterial, concreto ou abstrato.

Deus tanto gerou o universo quanto gerou os átomos e, também, os fatores que dão início às suas gerações.

Os fatores de Deus estão na origem de tudo e é a partir deles que a geração divina deve ser estudada e interpretada.

A natureza de Deus é composta pelos seus fatores, a os quais também denominamos de qualidades divinas que, se forem individualizadas, darão origem a naturezas distintas umas das outras e caracterizadoras daquilo que se origina neles, os fatores de Deus.

Com isto entendido, então dizemos:
– Deus gera em Si, e gera de Si.
– Na geração em Si, Ele Se repete e Se multiplica porque em Si Ele gera Suas qualidades divinas, fatoradas e naturalizadas como Suas partes divinas, partes estas que O formam e O tornam o que é: o divino Criador de tudo e de todos!
– Na geração de Si, Ele Se irradia e vai dando origem a tudo o que existe e a todos os seres, criaturas e espécies, cada qual gerado numa de Suas qualidades, que fatora Sua geração divina, mas cuja gênese se desdobrará no seu exterior, que é a Natureza ou Seu corpo exterior.

Sim, o corpo exterior de Deus é o universo e tudo que o compõe. Já Seu corpo interno é Sua faculdade criadora e geradora, que também está na Sua criação, nos seres, nas criaturas e nas espécies. Comparemos o macro (Deus) com o micro (células).

No interior de uma célula, está o seu núcleo e o seu DNA; já no seu citoplasma, está a própria célula como um todo, ainda que de forma microscópica. No DNA está a gênese da célula, e nela, como um todo, estão os meios para sua multiplicação e sua repetição na sua célula-filha.

No tecido epitelial só são geradas células epiteliais. No tecido sanguíneo só são geradas células sanguíneas. No tecido muscular só são geradas células musculares.

Observemos que as gerações não acontecem de forma aleatória e num tecido não acontece desvios genéticos, pois no tecido epitelial não são geradas células sanguíneas, e vice-versa.

Com isto explicado, então temos, para comparação, no núcleo celular o "interior" de Deus e no citoplasma temos o seu "exterior", que só existe porque antes já existia um DNA que comandou sua geração, seu tamanho e forma.

Um espermatozoide e um óvulo são duas células, uma masculina e outra feminina, cuja fusão ou fecundação desencadeia todo um processo genético, cujo resultado final é um novo ser, todo formado. E, a partir daí, só multiplicará suas células para manter todos os órgãos e tecidos em perfeito funcionamento.

Um ser humano não é como uma célula, que gera outra "em si". Ele gera "de si", pois gera uma célula que leva todo um código genético que multiplicará seu corpo carnal, mas não sua natureza individual. Logo, um homem não pode dizer que está no seu filho porque este desenvolverá sua própria natureza.

Já o seu espermatozoide, que é uma célula e gera em si, o repetirá em muitos aspectos e algumas de suas características ou traços fisionômicos serão detectados no seu filho, mas sujeitos a alterações porque ele também herdará traços fisionômicos da mãe. Logo, não herdará todos os traços de um ou de outro. E, às vezes, reproduzirá características fisionômicas de seus avós ou bisavós, também presentes na sua herança genética.

Somos espíritos e fomos gerados por Deus e fatorados em uma de suas qualidades, com as quais fomos imantados e as desenvolveremos no seu exterior ou sua natureza, que é o meio onde evoluímos continuamente.

Deus gera os seres de Si, fatora-os com uma de suas imanências ou qualidades, magnetiza-os e coloca-os em uma de suas ondas fatorais vivas ou irradiações divinas, onde evoluirão e se desenvolverão até que tenham plena consciência de si mesmos e possam desenvolver suas próprias qualidades divinas. Desde nossa geração as temos em nós, mas ainda adormecidas ou em estado potencial, só precisando que criemos em nós mesmos as condições ideais para que se desdobrem e aflorem por meio dos nossos sentidos.

Então Deus gera os seres numa de Suas qualidades, que os distinguirá e os "naturalizará" durante suas evoluções.

Mas Deus antes gerou em Si suas próprias qualidades e elas assumiram Sua natureza divina, tornando-se seres divinos ou divindades de Deus.

Ao gerá-las, deu vida à sua própria qualidade, na qual começou a gerar de si, e começaram a surgir os seres naturais dessas suas qualidades.

Então, Deus gerou em Si sua divindade Ogum e, a partir dessa sua qualidade ordenadora, nela começou a gerar de Si os seres cujas naturezas serão ordenadoras, pois foram gerados na sua qualidade Ogum, cuja natureza ordenadora os naturalizará como ordenadores natos, os imantará com um magnetismo qualificado como ordenador e os distinguirá com uma ancestralidade ordenadora, só encontrada em Ogum, que é em si mesmo a qualidade ordenadora do divino Criador.

O que diferencia este ser gerado por Deus na sua qualidade Ogum, do próprio Ogum, é que este tanto foi gerado em Deus como formou-se e cresceu no núcleo Dele e se multiplicou Nele, repetindo-O como a própria ordenação divina da gênese. Por isso Ogum é um fator de Deus, que fatora todos os seres gerados por Ele nessa qualidade ordenadora, que é uma qualidade de Deus individualizada em Ogum, o ordenador divino.

Da geração de Deus em Ogum, ou na sua qualidade ordenadora, surgirá uma vasta hereditariedade que não se limitará a seres, criaturas e espécies ordenadoras, mas também surgirão qualidades ordenadoras qualificadas pelas outras qualidades, surgirão princípios ordenadores, surgirão processos e procedimentos ordenadores, surgirão recursos e meios ordenadores, e, finalmente, surgirão finalidades ordenadoras.

Deus gera Sua qualidade ordenadora e surge Ogum, que, por ser em si mesmo a ordenação divina, tem de estar em todas as outras qualidades. Então, Ogum gera em si suas divindades intermediárias para as outras qualidades, que qualificarão esses Oguns intermediários, que assumirão a condição de divindades intermediárias ordenadoras das qualidades das outras divindades, que são em si mesmas as qualidades que eles ordenarão a partir de si, já que são a multiplicação e a repetição de Ogum, o ordenador da gênese divina.

Esses Oguns intermediários são em si núcleos geradores, que gerarão Oguns intermediadores que atuarão como o RNA mensageiro, gerado para ordenar as gerações exteriores ou que acontecerão no citoplasma divino ou no corpo de Deus, que é a natureza.

Esses Oguns intermediadores, por terem sido gerados em Deus como suas qualidades ordenadoras dos processos exteriores, também geram em si a ordenação divina e a geram de si, transmitindo-a a todos os seres, ainda inconscientes de si, que forem atraídos por seus poderosos magnetismos mentais, pois são divinos, e os ampararão até que tomem consciência de que são filhos naturais de Ogum e podem desenvolver em si essa qualidade divina.

Esses Oguns intermediários só atraem os seres cujo magnetismo original foi imantado com o fator ordenador do divino Criador, que é a divindade Ogum, pois este é ela em si mesmo. E imanta sua hereditariedade com ela, pois foi nela que Deus os gerou.

Na gênese dos seres, os Orixás masculinos, que são qualidades de Deus, só fatoram seres machos. E os Orixás femininos, que são qualidades de Deus, só fatoram seres femininos.

Por isso, um ser macho tem sua ancestralidade num Orixá masculino e um ser fêmea tem sua ancestralidade num Orixá feminino.

Mas tal como acontece com o corpo humano masculino, que também herda certas características da mãe, na geração dos seres, se um Orixá masculino o imanta com seu fator divino, um Orixá feminino qualificará este fator e passará à sua natureza íntima algumas características de sua qualidade original, e vice-versa, abrandando a sua natureza individual para que ela não seja tão marcante.

Sim, uma divindade, que é em si mesma uma qualidade de Deus, tem uma natureza muito marcante, que se não for abrandada na sua hereditariedade, não só individualizará demais o ser como o isolará de todos os outros, pois a exteriorizará em todos os sentidos, em todos os momentos e em todas as condições, situações e sentimentos.

Os seres divinos, por serem gerados "em Deus" desenvolvem uma natureza pura, totalmente identificada com o fator que os imantou em sua geração.

Já os seres gerados "por Deus" são como a geração do corpo humano, que tem características do corpo do ser que o gerou, mas não tem todas e nem a mesma natureza que ele.

Logo, um filho de Ogum tem algumas de suas características originais naturais (de sua natureza) que o distinguirão. Mas outras só aflorarão à medida que for evoluindo e criando em si as faculdades e os meios pelos quais elas fluirão ou serão irradiadas.

Até aqui temos:

1. Deus gera em Si suas divindades, como Suas qualidades divinas.
2. Deus gera de Si os seres, as criaturas, as espécies, os elementos, as energias. Já os seus fatores, estes são gerados pelas suas divindades.
3. Deus gera seres ou sementes divinas, e os envia por meio de suas ondas fatorais vivas irradiadas de Si. Nelas os seres são imantados pelos fatores que os distinguirão e serão magnetizados pelas suas qualidades ou suas divindades, das quais herdarão algumas características e outras permanecerão adormecidas, só aflorando com a evolução.
4. Um ser, em sua semente original, já traz uma herança genética herdada de Deus, imantada por um fator e magnetizado por uma

divindade, cuja qualidade divina o ser manifestará em alguns aspectos, mostrando em qual qualidade foi magnetizado, qual a divindade que o sustentará e qual fator o distinguirá, pois está na sua imantação divina.

Com isto em mente, e porque Deus gera tudo em duas partes, uma positiva e outra negativa, uma macho e outra fêmea, uma irradiante e outra absorvente, uma passiva e outra ativa, então, até as suas divindades foram geradas aos pares, formando ondas ou irradiações divinas puras, mas bipolarizadas.

Num dos polos está uma divindade masculina e no outro está uma divindade feminina; uma é de magnetismo positivo e outra é de magnetismo negativo; uma é ativa e a outra, passiva.

A Hereditariedade na Irradiação da Fé

Oxalá e Oiá

Irradiação cristalina $\begin{cases} \text{Fator cristalizador ou magnetizador} \\ \text{Fator desmagnetizador ou temporal} \end{cases}$

A irradiação da fé é uma onda que nasce em Deus e irradia-se de forma bipolar.

Em sua onda passiva, positiva e cristalizadora da fé, Deus gerou em Si Oxalá, que é em si mesmo a qualidade divina denominada fé.

Em sua onda ativa, negativa e magnetizadora da religiosidade, Deus gerou em Si Oiá, que é em si mesma a religiosidade dos seres.

A fé é uma qualidade divina e nela Deus gerou, em Si, Oxalá e Oiá, tornando-os essa Sua qualidade, aceita por todos como a principal ou maior, pois tudo tem de ter por princípio a fé N'Ele e na Sua divindade criadora e geradora, já que tudo foi gerado por Ele e em tudo Ele está, pois é em Si mesmo tudo o que existe.

Oxalá é visto por todos como o principal Orixá, pois sem a fé não existiria a religião e a crença em Deus. E Oiá é temida por todos porque seu mistério atua sobre os descrentes, os fanáticos religiosos e os enganadores da boa-fé alheia, desmagnetizando o mental desvirtuado, anulando suas faculdades e paralisando seu emocional, esvaziando-o em todos os sentimentos capitais.

Um blasfemador, um ofensor das divindades, um mercador da fé, estes são os candidatos a conhecerem Oiá por meio de seus aspectos negativos.

Deus gera de Si em sua onda geradora cristalina ou irradiação da fé os seres que são imantados com sua qualidade "magnetizadora" ou cristalina.

Os seres masculinos são imantados por Oxalá, que gera em si o fator congregador de Deus, e transmite-lhes sua qualidade, que é cristalizadora da fé na vida de um ser.

Os seres femininos são imantados por Oiá, que gera em si o fator temporal de Deus, e transmite-lhes sua qualidade, que é cristalizadora da religiosidade na vida de um ser.

- Na fé o ser sempre buscará Deus.
- Na religiosidade o ser sempre será atraído pelas coisas da fé, ou de Deus.

Oxalá é o Orixá da Fé e Oiá é o Orixá do Tempo, pois é o tempo que atua no ser, ora acelerando sua busca da fé, ora o afastando das coisas religiosas, direcionando sua evolução para outros sentidos da vida, tais como: conhecimento, lei, justiça, amor, geração ou evolução do saber.

Oxalá é passivo no seu magnetismo de corrente contínua, cuja irradiação estimuladora da fé chega a todos o tempo todo.

Oiá é ativa no seu magnetismo de corrente alternada, em que uma onda espiralada estimula a religiosidade, e a outra onda a esgota na vida do ser emocionado, fanatizado ou desequilibrado.

Oxalá é o Sol da vida e Oiá é o tempo onde tudo se realiza.

- Oxalá é a fé abrasadora e Oiá é o gélido tempo onde são desmagnetizados os desequilibrados nas coisas da fé.
- Oxalá é o pai amoroso que fortalece o íntimo dos seres e os conduz ao encontro do divino Criador, e Oiá é o Tempo por onde caminham os seres que estão buscando-O.
- Oxalá é a fé de Deus nos seus filhos e Oiá é o rigor divino para com os filhos que voltaram-Lhe as costas.

A Hereditariedade na Irradiação da Fé 67

- Oxalá, na numerologia, é o número um e Oiá é o número dez.
- Oxalá é o Sol e Oiá é o tempo.
- Os filhos de Oxalá são regidos pelo Sol e os filhos de Oiá são regidos pelo tempo.
- Os filhos de Oxalá, se no positivo, são amorosos, alegres, compenetrados em tudo o que fazem, emocionam-se facilmente, compadecem-se com o sofrimento alheio e acreditam em todos, são persistentes.
- As filhas de Oiá, se no positivo, são simpáticas, discretas, silenciosas, observadoras, amigas e conselheiras, emotivas, mas guardam suas emoções para si ao invés de exteriorizá-las, são lutadoras e muito sinceras.
- Os filhos de Oxalá, no negativo, são ranzinzas, briguentos, frios, perversos, perigosos, agressivos e vaidosos.
- As filhas de Oiá, no negativo, são retraídas, ciumentas, possessivas, evasivas, fugidias, descrentes, desconfiadas, não perdoam uma ofensa, mesmo inconsciente. São glaciais nos seus envolvimentos emocionais.
- Os filhos de Oxalá apreciam festas, reuniões "calorosas", passeios, a boa mesa, roupas da moda e a companhia de pessoas alegres e leais, mulheres inteligentes e decididas.
- As filhas de Oiá apreciam as coisas religiosas, o estudo, a música suave ou romântica, um pouco de isolamento, conversas construtivas, a companhia de pessoas discretas e de homens maduros, reservados e amorosos.
- Os filhos de Oxalá não apreciam pessoas falsas, emotivas, arrivistas, roupas conservadoras, conversas chulas, trabalhos pesados, recintos fechados, horários rígidos e comida picante.
- As filhas de Oiá não apreciam pessoas imaturas, "improdutivas", muito falantes e grosseiras, roupas aberrantes, discussões inconsequentes, intrigas, lugares muito agitados, muitas companhias, não gastam seu tempo à toa.
- Os filhos de Oxalá se afinizam facilmente com os filhos de Oxóssi, de Oxumaré e de Ogum; e com as filhas de Nanã, de Iemanjá, de Oxum, de Iansã e de Oiá.
- As filhas de Oiá se compatibilizam facilmente com as filhas de Iemanjá, Oxum, Obá e Egunitá; e com os filhos de Ogum, de Xangô, de Oxumaré e de Obaluaiê.

- Os filhos de Oxalá não se harmonizam facilmente com os filhos de Xangô, Omolu e Obaluaiê; e com as filhas de Obá e de Egunitá.
- As filhas de Oiá não se misturam facilmente com as filhas de Nanã e de Iansã; e com os filhos de Oxóssi, de Xangô e de Omolu.
- Os filhos de Oxalá são solares e geniosos. As filhas de Oiá são temporais, persistentes, tenazes e introspectivas.

Fator Congregador

As Filiações de Oxalá e Oiá-Tempo

Como todo fator é formado pela energia divina, ele possui um magnetismo que "congrega".

Essa sua qualidade congregadora é que o distingue como fator da fé, cuja principal função é acentuar a natureza religiosa dos seres fatorados em suas origens pelo Trono Fatoral da Fé.

Normalmente, esse fator que possui duas partes, sendo uma masculina e outra feminina, busca sua outra metade, ou seja: a parte masculina é atraída pela parte feminina e criam um código genético divino, código esse que dará ao novo ser uma natureza íntima "religiosa", pois seu fator gerador ou fator genético é o da "fé".

Tal como na fecundação humana, ora os seres fatorados são de natureza masculina e ora são de natureza feminina.

Assim, após as fusões puras, surgem os seres filhos de Oxalá e filhas de Oiá-Tempo, que são congregadores naturais e são descritos como cristalinos ou religiosos.

Nas fusões fatorais ou concepções divinas dos seres cristalinos, quando as duas partes se fundem, surge, se masculinos, esta "estrela" fatoral:

E se forem seres femininos, então surge esta "estrela" fatoral:

Esse dois agregados são denominados de estrelas vivas de Oxalá, se masculino, e de "estrela" de Oiá-Tempo, se feminino.

Com isso surgem duas filiações ou hereditariedades dentro de um mesmo fator: a filiação de Oxalá e a filiação de Oiá-Tempo.

- Todos os filhos de Oxalá serão regidos pelo Trono Fatoral da Fé ou Oxalá Fatoral.
- Todas as filhas de Oiá-Tempo serão regidas pelo Trono Fatoral da Religiosidade ou Oiá-Tempo Fatoral.
- O Trono da Fé é uma divindade de natureza masculina.
- O Trono da Religiosidade é uma divindade de natureza feminina.

Ambos são Tronos temporais, pois são regidos pelo Trono do Tempo.

Assim, tanto Oxalá quanto Oiá-Tempo são Tronos do Tempo, e suas filiações também são regidas por esse mistério de Deus. E isso explica porque esses Orixás são oferendados em campo aberto ou no tempo.

O mistério "tempo" é a estabilidade, imutabilidade e perenidade de Deus. Logo, é o que é, e não o que ainda será.

Para que se entenda a diferença entre "o que é" e "o que ainda será", dizemos:

- "O que é" é Deus.
- "O que ainda será" é sua emanação divina que dá origem à sua criação divina.
- "O tempo dá origem ao espaço".

Sem o tempo não haveria o espaço e sem Deus não haveria a criação divina. Logo, o tempo é Deus e o espaço é sua emanação, dentro da qual tudo começa a ser formado.

Assim, Oxalá e Oiá são Tronos Temporais, regentes das qualidades primordiais de Deus, que são a fé e a religiosidade, já que sem elas nada adquire permanência. Mas, a partir delas, tudo se torna eterno, estável e resistente às próprias intempéries, no meio onde a geração divina está evoluindo o tempo todo, para dar origem a novas coisas ou para renovar as antigas, já defasadas no tempo pelo contínuo surgimento de novas criações divinas.

Então, temos no fator congregador uma energia divina perene, estável e imutável, energia essa que, em nível da matéria, encontramos no "quartzo", uma pedra gemológica pura, ainda que de pouco valor, quando comparado com outras pedras preciosas.

Mas, em nível de energia divina, a "cristalina" é a mais sutil ou refinada, e a temos como o tipo de energia divina primordial, por meio da qual todos os outros tipos de energias divinas foram surgindo.

Voltemos, então, ao fator congregador, que é gerador do sentimento de fraternidade, além dos da fé e de religiosidade.

Assim, se da energia divina cristalina pura se originam as duas partes (masculino e feminino) do fator congregador, nós, em termos de Terra, podemos absorvê-la em abundância se entrarmos em sintonia vibratória e mental com Deus por intermédio da nossa fé, religiosidade e orações ou cantos litúrgicos.

Sempre que fazemos isso nosso chacra coronal acelera sua rotação e se abre, aumentando sua capacidade de absorção dessa energia cristalina, diluída no éter ou prana energético, que permeia todo o universo e suas muitas dimensões da vida.

Sabemos que a captação da energia cristalina inunda nosso íntimo e nosso corpo energético espiritual com essência cristalina saturada de fatores congregadores.

E, se a captação for da sua parte masculina, sentimos como que "balsamizados" pois, mesmo em meio a mil problemas, nos sentimos bem conosco e com todos à nossa volta.

A parte masculina do fator congregador nos apassiva, acalma e "balsamiza".

Já a sua parte feminina, por ser ativa, dinamiza nossa religiosidade e desperta nossa fé, despertando em nosso íntimo uma vibração muito forte de fé, confiança e certeza de que Deus e suas divindades nos ajudarão a superar nossas dificuldades, sejam elas de que ordem forem.

Mas o fator congregador, como todo fator, tem quatro partes, sendo duas positivas e duas negativas, duas passivas e duas ativas.

Nós revelamos que Oxalá e Oiá-Tempo são os Tronos da Fé e da Religiosidade.

- Oxalá é gerador natural da parte positiva, masculina e passiva da Fé.
- Oiá- Tempo é geradora natural da parte positiva, feminina e ativa.

Oxalá, por ser passivo, tem um magnetismo que se irradia em ondas retas e é classificado como Orixá positivo, justamente por seu magnetismo passivo.

Oiá-Tempo, por ser ativa, tem um magnetismo que se irradia em ondas espiraladas e é classificada como Orixá negativo, justamente por seu magnetismo ativo.

Mas temos duas outras partes "negativas" do fator congregador, sendo que uma é masculina, ativa e negativa e a outra é feminina, passiva e negativa.

A parte negativa e ativa masculina é gerada naturalmente por um Trono Cósmico masculino que se contrapõe aos Tronos da Fé e da Religiosidade. Esse Trono é conhecido como Tronos das Ilusões e seu expoente máximo já "humanizado" é o temido "Lúcifer", ou mito Lúcifer.

A parte negativa e passiva feminina é gerada naturalmente por um Trono Cósmico feminino que se contrapõe aos Tronos da Fé e da Religiosidade. Esse Trono é conhecido como Trono da Possessão e sua expoente máxima já "humanizada" é a temida "Lilith", ou mito Lilith.

Então temos essa distribuição no fator congregador:

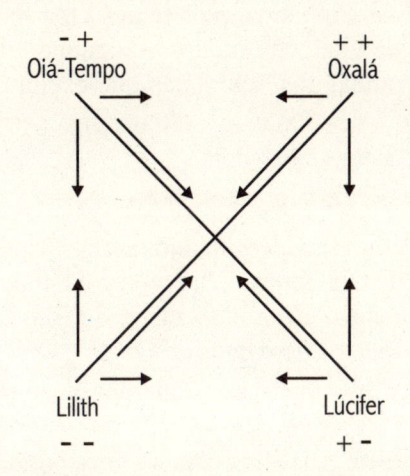

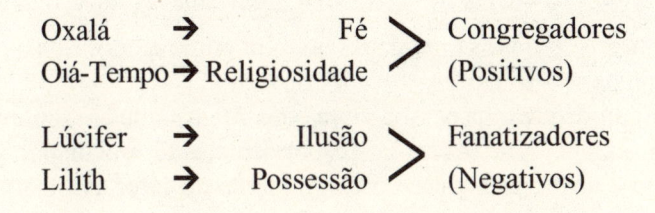

```
   - +                           + +
 Oiá-Tempo                      Oxalá
     │    ↘           ↙           │
     ↓      ↘       ↙             ↓
             ↘   ↙
             ↗   ↖
     ↑      ↗       ↖             ↑
     │    ↗           ↖           │
   Lilith                        Lúcifer
    - -                           + -
```

Oxalá → Fé } Congregadores
Oiá-Tempo → Religiosidade (Positivos)

Lúcifer → Ilusão } Fanatizadores
Lilith → Possessão (Negativos)

Assim, temos as quatro partes do fator congregador.
Os signos que distinguem essas quatro partes são:
Cruz = Oxalá = Fé
Espiral = Oiá-Tempo = Religiosidade

Cruz Tridentada – Lúcifer = Ilusão
Espiral Tridentada – Lilith = Possessão

"Lúcifer" lida com os aspectos negativos da fé, pois gera a parte masculina negativa do congregador que, se no positivo gera a crença, no negativo gera a ilusão.

"Lilith" lida com os aspectos negativos da religiosidade, pois gera a parte negativa do fator congregador que, se no positivo gera a religiosidade, no negativo gera a possessividade ou fanatismo.

Dessa forma, também podemos identificar duas linhagens de "esquerdas" na Umbanda, pois temos uma linha de Exus Lúcifer ou Exus que vitalizam ou desvitalizam a "ilusão". E temos uma linha de Pombagiras Sete Saias que excitam ou apatizam a "possessividade".

- Exu gera o fator vitalizador;
- Pombagira gera o fator estimulador.

Lúcifer e Lilith são identificados como "aspectos" ou "opostos" de Oxalá e de Oiá-Tempo. Mas, como a Umbanda não recorre ao "embaixo", e sim à esquerda, então, são Exu e Pombagira que lidam com os aspectos negativos de Oxalá e Oiá.

- Exu Lúcifer lida com os seres iludidos ou desperta a ilusão nos "descrentes";
- Pombagira Sete Saias lida com os seres possessivistas ou desperta o fanatismo nos seres cuja religiosidade foi "distorcida".

Assim, temos as qualidades do fator congregador e os regentes de suas quatro partes.

Sempre que uma pessoa vibra com intensidade um sentimento íntimo, abre seu chacra correspondente, que, imediatamente, começa a absorver a parte correspondente do fator associado ao sentimento.

- Assim sendo, uma pessoa que vibra intensamente o sentimento de fé em Deus está absorvendo uma grande quantidade de éter ou prana, cujas essências estão saturadas da parte masculina positiva do fator congregador. E terá sua fé fortalecida e será uma pessoa serena e fraterna.
- Uma pessoa que vibra intensamente o sentimento de religiosidade está absorvendo uma grande quantidade de éter ou prana, cujas essências estão saturadas da parte feminina positiva do fator congregador. E terá sua religiosidade fortalecida e será uma pessoa vibrante e envolvente.
- Uma pessoa que vibra intensamente o sentimento de descrença em Deus está absorvendo do éter ou prana a parte masculina negativa do fator congregador. Terá sua descrença fortalecida e será uma pessoa iludida.

- Uma pessoa que vibra intensamente o sentimento de possessividade está absorvendo do éter ou prana a parte feminina do fator congregador. Terá sua possessividade fortalecida e será uma pessoa fanatizada.
- A fé e a religiosidade despertam a fraternidade e a confiança e congregam os seres.
- A ilusão e a possessividade despertam a descrença e o fanatismo e isolam os seres, descongrengando-os.

A partir desses preceitos cremos que já é possível auscultarem qual parte do fator congregador alguém estará absorvendo.

Assim, caso identifiquemos alguém que esteja absorvendo uma ou as duas partes negativas devemos esclarecer dos riscos que corre, pois, caso não anule seus sentimentos de descrença ou de possessividade, seus mentais ficarão tão saturados dessas partes negativas que seus magnetismos mentais e individuais projetarão e atrairão ondas vibratórias negativas, que os colocarão sob o domínio mental de Lúcifer e Lilith, os opostos, os negativos dos Orixás Oxalá e Oiá-Tempo, os regentes dos aspectos positivos da fé e da religiosidade.

E, se Oxalá e Oiá-Tempo estimulam a ascensão e a evolução dos seres, seus opostos estimulam a queda e a regressão dos que se entregam à ilusão ou ao fanatismo.

Depois desses estudos sobre as quatro partes do fator congregador, vamos descrever as filiações que têm parte dele.

Fatoração Congregadora (Oxalá e Oiá)

Filiações Puras e Filiações Mistas

A fusão da parte masculina positiva e magnetizadora do fator congregador, com a sua parte feminina positiva e cristalizadora fazem surgir duas hereditariedades puras de seres cristalinos-temporais:
- Filiação pura ou cristalina de Oxalá: seres masculinos magnetizadores da fé.
- Filiação pura ou temporal de Oiá-Tempo: seres femininos cristalizadores da religiosidade.

Essas duas filiações puras, geradas pela fusão das partes positivas desses fatores, são identificadas como filhos de Oxalá e filhas de Oiá-Tempo e são tão marcantes as características herdadas dos seus pais Orixás, que são facilmente reconhecíveis, mesmo quando encarnados.
- Os filhos puros de Oxalá são tímidos, introvertidos e circunspectos, preferem ouvir a falar.
- As filhas puras de Oiá-Tempo são observadoras, recatadas e argutas, se destacam mesmo quando permanecem tão silenciosas quanto o tempo, que as rege.

Quanto às filiações mistas de Oxalá e de Oiá-Tempo, ainda que preservem as nuanças, características de seus pais, deixam visíveis as características das partes dos outros fatores com os quais se fundiram.

O fator magnetizador de Oxalá também se funde com o fator conceptivo de Oxum, com o fator concentrador de Obá, com o fator condensador de Egunitá, com o fator direcionador de Iansã, com o fator decantador de Nanã e com o fator criativo de Iemanjá.

Vejamos as filiações mistas de Oxalá, Orixá congregador e magnetizador da fé nos seres.

Filiações Mistas de Oxalá

- Oxalá – Oxum   → congregador – agregador
- Oxalá – Obá   → congregador – concentrador
- Oxalá – Egunitá   → congregador – condensador
- Oxalá – Iansã   → congregador – direcionador
- Oxalá – Nanã   → congregador – decantador
- Oxalá – Iemanjá   → congregador – gerador

1ª Filiação de Oxalá e Oxum → seres masculinos magnetizadores-agregadores; cristalinos-minerais; magnetizadores da concepção, regidos pelo Trono masculino cristalino mineral, também conhecido como Oxalá da Concepção ou Oxalá do Amor.

2ª Filiação de Oxalá e Obá → seres masculinos magnetizadores-concentradores; cristalinos-telúricos; magnetizadores do raciocínio, regidos pelo Trono masculino cristalino-telúrico, também conhecido como Oxalá do Conhecimento ou Oxalá do Raciocínio.

3ª Filiação de Oxalá e Egunitá → seres masculinos magnetizadores-condensadores; cristalinos-ígneos; magnetizadores do racional, regidos pelo Trono masculino cristalino-ígneo, também conhecido como Oxalá da Justiça ou Oxalá do Fogo.

4ª Filiação de Oxalá e Iansã → seres masculinos magnetizadores-direcionadores; cristalinos-eólicos; magnetizadores-direcionadores, regidos pelo Trono masculino cristalino-eólico, também conhecido como Oxalá da Lei ou Oxalá do Ar.

5ª Filiação de Oxalá e Nanã → seres masculinos magnetizadores-decantadores; seres cristalinos-aquáticos-telúricos; seres magnetizadores da evolução, regidos pelo Trono masculino cristalino-aquático-telúrico, também conhecido como Oxalá da Evolução ou Oxalá da Terra e da Água.

6ª Filiação de Oxalá e Iemanjá → seres masculinos magnetizadores-geradores; seres cristalinos-aquáticos; seres magnetizadores da criatividade, todos regidos pelo Trono masculino cristalino-aquático, também conhecido como Oxalá da Geração ou Oxalá da Água.

Essas seis filiações mistas de Oxalá dão nuanças diferentes aos seres, cuja ancestralidade é compartilhada com Orixás femininos não "cristalinos".

Nesses filhos de Oxalá, ainda que predominem as suas qualidades, certas características de suas mães ancestrais não cristalinas são visíveis e costumam confundir tanto os intérpretes que recorrem às características hereditárias no corpo físico e às naturezas íntimas, quanto os jogadores de búzios, pois filhos de Oxalá com Egunitá são identificados muito facilmente como filhos de Ogum, e filhos de Oxalá e de Nanã são confundidos com filhos de Obaluaiê, etc.

Essa também é uma das razões de as pessoas irem consultar jogadores de búzios, e a cada jogador consultado o resultado identificatório ser diferente, confundindo quem só deseja saber quem é o seu Orixá regente ancestral.

Agora vamos às filiações mistas de Oiá, ou da parte feminina e cristalizadora do fator congregador com as partes masculinas dos outros fatores.

Filiações Mistas de Oiá

- Oiá-Tempo e Oxóssi → congregador – expansor
- Oiá-Tempo e Oxumaré → congregador – renovador
- Oiá-Tempo e Xangô → congregador – equilibrador
- Oiá-Tempo e Ogum → congregador – ordenador
- Oiá-Tempo e Obaluaiê → congregador – transmutador
- Oiá-Tempo e Omolu → congregador – estabilizador

1ª Filiação mista de Oiá-Tempo e Oxóssi → seres femininos cristalizadores-expansores; seres temporais-vegetais; cristalizadoras do conhecimento, todas regidas pelo Trono feminino cristalino-vegetal, também conhecida como Orixá Oiá-Tempo do Raciocínio ou Oiá-Tempo do Conhecimento.

2ª Filiação mista de Oiá-Tempo e Oxumaré → seres femininos cristalizadores-renovadores; temporais cristalinos-minerais; cristalizadoras das renovações, todas regidas pelo Trono feminino temporal-agregador, também conhecida como Orixá Oiá-Tempo do Amor.

3ª Filiação mista de Oiá-Tempo e Xangô → seres femininos magnetizadoras-equilibradoras; cristalinas-ígneas; cristalizadoras da razão, todas regidas pelo Trono feminino cristalino-ígneo, também conhecida como Orixá Oiá-Tempo do Fogo ou Oiá-Tempo da Justiça.

4ª Filiação mista de Oiá-Tempo e Ogum → seres femininos cristalizadoras-ordenadoras; cristalinas-eólicas; cristalizadoras das ordenações, todas regidas pelo Trono feminino cristalino-eólico, também conhecida como Orixá Oiá-Tempo da Lei ou Oiá-Tempo do Ar.

5ª Filiação mista de Oiá-Tempo e Obaluaiê → seres femininos cristalizadoras-evolutivas; cristalinas telúricas-aquáticas; cristalizadoras das evoluções, todas regidas pelo Trono feminino cristalino telúrico-aquático, também conhecida como Orixá Oiá-Tempo da Evolução.

6ª Filiação mista de Oiá-Tempo e Omolu → seres femininos cristalizadoras-equilibradoras; cristalinas-telúricas; cristalizadoras das gerações, todas regidas pelo Trono feminino cristalino-telúrico, também conhecida como Orixá Oiá-Tempo da Geração.

Assim, temos as seis hereditariedades mistas de Oiá-Tempo, Trono religioso temporal ou do "Tempo".

Essas filiações de Oiá-Tempo são de difícil identificação e, mesmo elas não tendo outra característica, além do porte físico semelhante ao das filhas de Iansã, mas sendo opostas pois são muito discretas ou introvertidas, os jogadores de búzios vão logo dizendo que são filhas de Iansã e, muito raro, de Iemanjá.

Por que isso acontece?

Porque muitos dos fundamentos dos Orixás se perderam no decorrer dos séculos e hoje um Orixá não identificável é confundido com outro mais conhecido, resolvendo o problema da falta de fundamentos sobre ele, cuja lenda humanizadora do seu mistério não se perpetuou no tempo ou desapareceu junto com o povo que o adorava e cultuava-o em suas festas religiosas tribais.

Sabemos que a África já foi povoada por muitos povos ou etnias tribais, mas cujos espaços físicos foram ocupados por outros mais aguerridos e conquistadores. Assim, os conhecimentos religiosos e seus "segredos" eram transmitidos oralmente só a uns poucos pais de segredos que, ao serem mortos ou escravizados (prática muito comum entre os povos antigos), com eles se iam as tradições religiosas e suas transmissões orais puras, que se mesclavam com as novas.

Com o passar do tempo e com a invasão árabe ao norte e a invasão europeia e cristã por todos os lados, muitos conhecimentos fundamentais desapareceram ou foram sincretizados com os dos conquistadores, fato esse muito comum e bem conhecido por nós, pois aqui o sincretismo religioso está latente na Umbanda, que englobou práticas espíritas, pajelança e culto às divindades naturais de nação ou Candomblé.

Hoje é fácil construir toda uma teogonia só com as divindades restantes e cultuadas pelos povos mais organizados e mais poderosos. Mas os próprios sacerdotes dos cultos de nação têm dificuldades para lidar com tantas divindades, pois de muitas delas só conhecem o que restou das transmissões parciais dos seus "segredos" ou mistérios religiosos.

A própria fragilidade teológica dos atuais chefes dos cultos de nação complica ainda mais, pois saber de cor e salteado todas as lendas não é sinônimo de "pai de segredos" ou dos mistérios. Esse saber só é conseguido e dominado realmente se tiverem o acesso aos conhecimentos religiosos e magísticos fundamentais das divindades descritas como "qualidades" desse ou daquele "Orixá".

Quando falamos em perda dos fundamentos não estamos nos referindo só a uns poucos séculos, mas sim a vários milênios, tal como aconteceu na Europa, onde novas religiões substituíram outras já antigas, se apropriaram de alguns de seus fundamentos e os adaptaram ao novo culto, perdendo com isso parte do conhecimento antigo e incorporando ao que recolheu sua própria interpretação.

O Cristianismo está até hoje sufocando antigas religiões naturais e substituindo-as pelo culto ao mestre Jesus. E o mesmo já fez e continuará fazendo as outras religiões, inclusive a Umbanda.

Esse processo de "globalização" religiosa, com as mais fortes e detentoras do poder econômico e político se impondo, não é novo e sempre foi usado como elemento expansor de cultura, de política e de religiosidade, no qual as mais organizadas engoliam as mais fracas.

Arqueólogos, sociólogos e etnólogos podem até resgatar nomes e locais, mas nunca resgatarão os fundamentos das antigas divindades cultuadas pelos povos que já desapareceram da face da Terra. Só que essas divindades na verdade não desapareceram, apenas se transmutaram ou se sincretizaram com as dos povos e religiões que as substituíram.

Nós estamos descrevendo as filiações de "Oiá" porque essa divindade é uma das mais antigas já cultuadas na África, e é muito anterior à ascensão política e religiosa dos povos iorubas que, quando se organizaram e iniciaram suas conquistas territoriais e políticas, fundiram outra, colocando-a como uma de suas qualidades.

Mas basta estudarem as mitologias dos povos antigos, e suas teogonias lhes revelarão muito claramente a existência de uma divindade do Tempo, outra do Fogo e outra dos "Ventos". (Antigamente eram divindades bem caracterizadas e o "Deus" Grego "Cronos" era cultuado como o Senhor do Tempo.)

Sabemos que são as nuanças herdadas dessas fatorações mistas que nos tornam tão diversificados e com tantos gostos e preferências diferentes, tornando o nosso meio humano tão temido quanto desejado pelos nossos irmãos "naturais", que seguem uma evolução reta e que dispensa o ciclo encarnacionista.

Também é do nosso conhecimento que essas filiações mistas são muito importantes para o nosso divino Criador, pois Ele criou dimensões específicas para abrigá-las e evoluí-las até que estejam aptas a alcançarem as faixas excelsas das divindades naturais, onde se tornam manifestadoras naturais delas e seres divinos regidos por elas.

A Hereditariedade na Irradiação do Amor Divino

Oxum e Oxumaré

Onda geradora mineral $\begin{cases} \text{Fator agregador – Oxum} \\ \text{Fator diluidor e renovador – Oxumaré} \end{cases}$

A irradiação do amor divino é uma onda que nasce em Deus e alcança tudo e todos como a concepção divina das coisas.

Ela é uma onda bipolar, que tem em seu polo positivo um magnetismo agregador, e em seu polo negativo um magnetismo dual, que ora dilui as agregações e ora renova os meios e os sentimentos.

• Em sua parte positiva temos Oxum, Orixá do amor, da concepção e das agregações universais.

• Em sua parte negativa temos Oxumaré, Orixá da renovação da vida e da diluição das agregações desequilibradas.

Oxum tem um magnetismo positivo, irradiado em fluxos de raios retos que consolidam as agregações, concebendo tudo e todos, pois ela é a divindade gerada por Deus em Sua qualidade agregadora e conceptiva, o que faz dela essa qualidade divina. Mas Oxum também se irradia em ondas "coronais" (de coração) que vão ligando as substâncias, os elementos, as essências, os sentimentos, e vão unindo os seres afins entre si, pelo elo do amor.

Já Oxumaré tem um magnetismo negativo, que é dual e bipolar, irradiado de forma ondeante, e numa de suas ondas dilui tudo, enquanto na outra flui seu fator renovador, que vai reagrupando tudo para que Oxum venha a seguir e imante o que ele reagrupou, agregando tudo novamente, mas em novas e renovadas condições.

- Oxum é o mineral, agregador e conceptivo.
- Oxumaré é temporal, diluidor e renovador.
- Oxum é o amor que une os seres e a concepção que gera vidas.
- Oxumaré é o tempo que dilui as agregações desequilibradas e o arco-íris que anuncia que a vida continua, já renovada.
- Oxum é o amor agregador.
- Oxumaré é o diluidor das paixões.
- Oxum rege sobre a concepção da vida.
- Oxumaré rege sobre a genética renovadora da vida.
- Oxum e Oxumaré são regidos pelo planeta Vênus, que é um planeta misto.
- Oxum, na numerologia, é o número dois e Oxumaré é o número onze.
- Oxum é o amor à vida e Oxumaré é a renovação dela.
- Oxum é a fecundidade e Oxumaré é a sexualidade fecunda.
- Oxum é o mineral que enobrece a vida e Oxumaré é o tempo que dilui a riqueza que desvirtua.
- Oxum é a divindade do amor e Oxumaré é a divindade que o renova na vida dos seres.

E, se assim o são, é porque foram gerados em Deus e são o amor e a renovação da vida, a agregação e a diluição do emocional apassionado que desequilibra as uniões.

Por serem assim, Oxum imanta e magnetiza os seres fêmeas, gerados por Deus na sua onda fatoradora mineral ou do amor, dando-lhes sua qualidade agregadora. Já Oxumaré imanta e magnetiza os seres machos gerados por Deus na sua onda temporal, fatorando-os com uma qualidade dual, que tanto dilui as agregações quanto renova os meios e os sentimentos.

Então, surgem as hereditariedades de Oxum e de Oxumaré, amorosas e renovadoras, qualidades mais marcantes dessas filiações divinas.

- As filhas de Oxum, no positivo, são amorosas, delicadas, meigas, sensíveis, perceptíveis, perfeccionistas, cuidadosas, amáveis, protetoras e maternais.
- Os filhos de Oxumaré, no positivo, são extrovertidos, falantes, galantes, envolventes, comunicativos, criativos, amáveis, educados, curiosos, interrogativos e alegres.
- As filhas de Oxum, no negativo, são ciumentas, agressivas, vaidosas, insuportáveis, intratáveis, vingativas, não esquecem uma ofensa e não perdoam uma mágoa.
- Os filhos de Oxumaré, no negativo, são apáticos, mórbidos, fechados, sombrios, solitários, auto punidores, venenosos e aziagos.
- As filhas de Oxum apreciam festas familiares, danças, recitais românticos, poesias, medicina, crianças, ser professoras, conselheiras e donas de casa dedicadas.
- Os filhos de Oxumaré apreciam as ciências, os estudos filosóficos, passeios em grupo, reuniões agitadas ou festivas, discursos eloquentes e emocionantes, a política, a liderança, ser expoente no seu meio e criar coisas novas e revolucionárias, gostam de mulheres descontraídas e descompromissadas, pois são volúveis.
- As filhas de Oxum não apreciam a solidão, homens autoritários ou agressivos, reuniões monótonas, estudo das ciências exatas, política, lugares tristes ou monótonos, homens ciumentos e mulheres egoístas.
- Os filhos de Oxumaré não apreciam a monotonia ou repetitividade no seu dia a dia, mulheres ciumentas, a mesma comida todo dia, locais fechados ou abafados, pessoas inoportunas (os aproveitadores), pessoas de natureza iracunda ou irritantes, ou mal-humorados.
- As filhas de Oxum são regidas por Vênus, que realça nelas a feminilidade e o charme, e os filhos de Oxumaré também são regidos por esse planeta que estimula neles a libido e os sentimentos amorosos.
- As filhas de Oxum são de compleição delicada, sensíveis e alegres.
- Os filhos de Oxumaré são do tipo esbelto, solto e ágil.
- As filhas de Oxum harmonizam-se com as filhas e os filhos de todos os Orixás.

- Os filhos de Oxumaré só não se compatibilizam com os filhos de Omolu e de Xangô.
- As filhas de Oxum apreciam as coisas religiosas ou da fé, e os filhos de Oxumaré apreciam as coisas místicas e mágicas.

Fator Agregador

As Filiações de Oxum e Oxumaré

O fator agregador é formado pela energia divina e possui um magnetismo que "une", agrega e "concebe".

Também é conhecido como fator do amor e da concepção ou da união e da renovação.

Seu magnetismo agregador e a qualidade conceptiva é que o distingue como fator do amor, que une dois opostos e permite que "concebam" alguém, algo ou alguma coisa, não se limitando às uniões sexuais que dão origem a novos seres.

Esse fator agregador une ideias, religiosidade, conhecimentos, anseios, expectativas, ideais, etc., e permite que, a partir dessas uniões tudo seja renovado na vida dos seres ou mesmo na natureza, seja ela animada ou inanimada.

O fator agregador possui duas partes positivas e outras duas negativas.

As duas partes positivas são regidas pelo Trono do Amor, sendo que a Orixá Oxum rege a parte feminina e o Orixá Oxumaré rege a parte masculina.

• A parte feminina é conceptiva (de conceber);
• A parte masculina é renovadora (de renovação);
• Oxum é simbolizada por um coração (símbolo do amor);

- Oxumaré é simbolizado pelo arco-íris (símbolo da renovação).

As duas partes se atraem naturalmente e quando se fundem formam essas "estrelas" da vida:

- Se a parte feminina predominar, temos esta "estrela":

- Se a parte masculina predominar, temos esta "estrela":

- Quando é a parte feminina que predomina, surgem os seres femininos agregadores puros.
- Quando é a parte masculina que predomina, surgem os seres masculinos renovadores puros.

Voltando ao fator agregador, a verdade é que ele, ao ser absorvido pelos seres, satura-os de uma energia divina, que desperta os sentimentos de união, de concepção e de agregação.

- Se for absorvido pelo chacra coronal, estimula o amor religioso ou amor da fé.
- Se for absorvido pelo chacra frontal, estimula o amor expansor ou amor do conhecimento.
- Se for absorvido pelo chacra laríngeo, estimula o amor ordenador ou amor da lei.
- Se for absorvido pelo chacra cardíaco, estimula o amor puro ou amor agregador.
- Se for absorvido pelo chacra umbilical, estimula o amor equilibrado ou amor da justiça.
- Se for absorvido pelo chacra plexo solar, estimula o amor transmutador ou amor da evolução.
- Se for absorvido pelo chacra básico, estimula o amor gerador ou amor criacionista.

Dessa forma, o fator agregador é fundamental porque agrega ou une as coisas e os seres por meio da harmonização.

Mas as duas partes positivas têm suas contra partes ou opostos negativos. Assim, no fator agregador temos:

- Parte conceptiva: Trono do Amor (Oxum);
- Parte renovadora: Trono da Renovação (Oxumaré);
- Parte estimuladora: Trono dos Desejos (Mahór yê);
- Parte vitalizadora: Trono da Vitalidade (Mehór yê).

Essa é a distribuição gráfica do fator agregador:

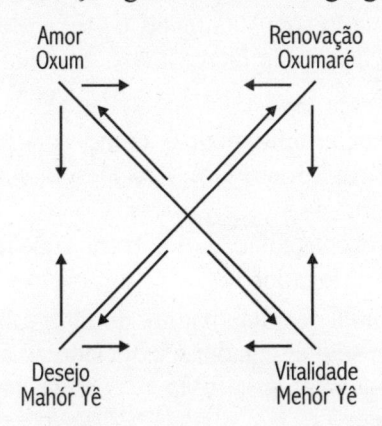

```
   Amor                Renovação
   Oxum                 Oxumaré
     →                    ←
     ↓  ↘            ↙    ↓
         ↘        ↙
         ↙        ↘
     ↑  ↙            ↘    ↑
     →                    ←
   Desejo              Vitalidade
  Mahór Yê             Mehór Yê
```

- Oxum, por ser Trono do Amor, rege sobre a concepção.
- Oxumaré, por ser Trono da Renovação, rege sobre a criatividade.
- Mahór yê, por ser Trono dos Desejos, rege sobre a sensualidade.
- Mehór yê, por ser Trono da Vitalidade, rege sobre o vigor.

É de se observar que esses quatro Tronos estão na própria genética porque a energia mineral é fundamental à fecundidade e à fertilidade. O fator agregador é a própria fusão do óvulo com o espermatozoide, isso em nível de reprodução. Mas ele agrega seres, ideias, conhecimentos, etc.

A própria fusão das partes dos fatores é atribuição do fator agregador, que também está espalhado no prana ou no éter universal e é absorvido pelos chacras, estimulando a harmonização dos opostos complementares entre si.

- O Trono Feminino do Amor, a Orixá Oxum, é identificada com a concepção da vida e seu fator agregador é fundamental para a união matrimonial.

- O Trono Masculino da Renovação, o Orixá Oxumaré, é identificado pela renovação da vida e seu fator renovador é fundamental para a renovação da vida.
- O Trono Feminino do Desejo, a Orixá Mahór yê, é identificada com a sensualidade e seu fator estimulador é fundamental para as uniões sexuais.
- O Trono Masculino da Vitalidade, o Orixá Mehór yê, é identificado pelo vigor e seu fator vitalizador é fundamental para o vigor sexual.

Uma informação adicional: o Trono da Vitalidade está na origem do Mistério Exu, e o Trono do Desejo está na origem do Mistério Pombagira.

Vamos descrever as filiações dos Tronos que formam as partes positivas do fator agregador.

- A Orixá Oxum é geradora natural do fator mineral conceptivo e seu magnetismo agregador é associado ao amor porque une os seres e atua na própria fusão entre si das partes de todos os fatores de Deus.
"Portanto, ela é a própria concepção divina."
- O Orixá Oxumaré é gerador natural do fator mineral renovador, mas também gera o fator temporal diluidor, e também atua na parte divina, como a energia que dilui algo para que, diluído, possa ser renovado em uma nova forma ou em outro nível, etc.
"Portanto, ele é a própria renovação divina."
- O fator conceptivo de Oxum funde-se com o fator temporal renovador de Oxumaré e dessa fusão surgem duas filiações, uma feminina e outra masculina, regidas pelo Trono do Amor e pelo Trono da Renovação.

Essas duas filiações não são minerais puras porque o fator de Oxumaré, antes de ser mineral, já era temporal.

Durante as fusões a filiação de Oxum absorve o fator temporal de Oxumaré e surgem as Oxuns do arco-íris.

Já a filiação de Oxumaré absorve o fator conceptivo e surgem os Oxumarés renovadores do amor.

Essas duas filiações são assim classificadas:

- Filiação de Oxum com Oxumaré → seres femininos minerais-temporais-renovadores.
- Filiação de Oxumaré com Oxum → seres masculinos temporais-renovadores-minerais.

Vejamos as filiações de Oxum com outros Orixás, ou fusão da parte feminina positiva do fator agregador com as partes masculinas positivas dos outros fatores.

Filiações Mistas de Oxum

- Oxum e Oxalá → fator conceptivo – fator congregador
- Oxum e Oxóssi → fator conceptivo – fator expansor
- Oxum e Xangô → fator conceptivo – fator equilibrador
- Oxum e Ogum → fator conceptivo – fator ordenador
- Oxum e Obaluaiê → fator conceptivo – fator transmutador
- Oxum e Omolu → fator conceptivo – fator equilibrador

1ª Filiação mista de Oxum e Oxalá → seres femininos conceptivos-magnetizadores; seres minerais-cristalinos; seres agregadores da fé, todos regidos pelo Trono feminino mineral-cristalino, também conhecido como Orixá Oxum Cristalina ou Oxum da Fé.

2ª Filiação mista de Oxum e Oxóssi → seres femininos conceptivos-expansores; minerais-vegetais; agregadores do conhecimento, todos regidos pelo Trono feminino mineral-vegetal, também conhecido como Orixá Oxum do Conhecimento ou Oxum Agregadora do Raciocínio.

3ª Filiação mista de Oxum e Xangô → seres femininos conceptivos-equilibradores; minerais-ígneos; agregadores da razão, todos regidos pelo Trono feminino mineral ígneos, também conhecido como Orixá Oxum da Justiça ou Oxum do Fogo.

4ª Filiação mista de Oxum e Ogum → seres femininos conceptivos-ordenadores; minerais-eólicos; agregadores ordenadores, todos regidos pelo Trono feminino mineral-eólico, também conhecido como Orixá Oxum da Lei ou Oxum Ordenadora.

5ª Filiação mista de Oxum e Obaluaiê → seres femininos conceptivos-transmutadores; minerais telúricos-aquáticos; agregadores-evolutivos, todos regidos pelo Trono feminino agregador da evolução, Trono mineral telúrico-aquático, também conhecido como Oxum da Evolução.

6ª Filiação mista de Oxum e Omolu → seres femininos conceptivos-geradores; minerais-telúricos; agregadores da geração, todos regidos pelo Trono feminino mineral-telúrico, também conhecido como Oxum da Geração.

Filiações Mistas de Oxumaré

- Oxumaré e Oiá-Tempo → fator renovador – fator cristalizador
- Oxumaré e Obá → fator renovador – fator concentrador
- Oxumaré e Egunitá → fator renovador – fator condensador
- Oxumaré e Iansã → fator renovador – fator direcionador
- Oxumaré e Nanã → fator renovador – fator decantador
- Oxumaré e Iemanjá → fator renovador – fator criativo

1ª Filiação mista de Oxumaré e Oiá → seres masculinos renovadores-cristalizadores; temporais minerais-cristalinos; renovadores da religiosidade, todos regidos pelo Trono temporal-mineral cristalino, também conhecido como Orixá Oxumaré do Tempo, ou Oxumaré Renovador da Religiosidade.

2ª Filiação mista de Oxumaré e Obá → seres masculinos renovadores-concentradores; temporais-minerais telúricos; renovadores do raciocínio, todos regidos pelo Trono masculino temporal-mineral telúrico, também conhecido como Oxumaré da Terra ou da Concentração.

3ª Filiação mista de Oxumaré e Egunitá → seres masculinos renovadores-condensadores; temporais-minerais ígneos, todos regidos pelo Trono masculino temporal-mineral ígneo, também conhecido como Oxumaré da Justiça ou do Fogo.

4ª Filiação mista de Oxumaré e Iansã → seres masculinos renovadores-direcionadores; temporais-minerais-eólicos; renovadores dos direcionamentos, todos regidos pelo Trono masculino temporal-mineral eólico, também conhecido como Orixá Oxumaré da Lei ou do Ar.

5ª Filiação mista de Oxumaré e Nanã → seres masculinos renovadores-decantadores; temporais-minerais aquáticos-telúricos; renovadores das decantações, todos regidos pelo Trono masculino temporal-mineral aquático-telúrico, também conhecido como Oxumaré da Evolução.

6ª Filiação mista de Oxumaré e Iemanjá → seres masculinos renovadores-criacionistas; temporais-minerais aquáticos; renovadores da criatividade, todos regidos pelo Trono masculino temporal-mineral aquático, renovador da geração, também conhecido como Oxumaré da geração ou da Água.

Assim, temos as filiações mistas de Oxum e Oxumaré. Sabemos que cada uma delas dão características específicas aos seres pois, se todos são filhos(as) de um mesmo Orixá, as características adquiridas das partes secundárias dotam-nos de naturezas distintas dentro de um mesmo fator.

A Hereditariedade na Irradiação do Conhecimento

Oxóssi e Obá

Onda geradora vegetal $\begin{cases} \text{Fator expansor - Oxóssi} \\ \text{Fator concentrador - Obá} \end{cases}$

Esses dois Orixás são regentes da irradiação divina e regem sobre o conhecimento.

Deus tem no conhecimento uma de Suas qualidades divinas e gerou nela Suas duas divindades do conhecimento, que são em si essa qualidade divina.

Oxóssi é um Trono de Deus, cujo magnetismo é positivo, sua natureza é ativa e sua irradiação é contínua, irradiando o tempo todo ondas magnéticas estimuladoras do raciocínio, facilitando a abertura das faculdades mentais.

Obá é um Trono de Deus cujo magnetismo é negativo, sua natureza é passiva e sua irradiação é alternada, pois ora ela está irradiando ondas magnéticas, que concentram o raciocínio dos seres, e ora está absorvendo as ondas mentais dos seres, cujo raciocínio se desequilibrou e estão fazendo mal uso das suas faculdades mentais.

Oxóssi, por ter sido gerado em Deus, na Sua qualidade do conhecimento, gera em si o fator divino que qualifica os seres machos gerados por Ele nessa sua irradiação viva.

Obá, por ter sido gerada em Deus na Sua qualidade do conhecimento, gera em si o fator divino que qualifica os seres fêmeas gerados por Ele nessa sua irradiação viva.

Os filhos de Oxóssi são imantados com um magnetismo expansivo e as filhas de Obá, com um magnetismo concentrador. Eles são qualificados como filhos do conhecimento e elas, como filhas da verdade.

As duas partes se atraem naturalmente e quando se fundem formam essas "estrelas" da vida:

- Se a parte feminina predominar, temos esta "estrela":

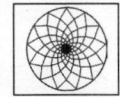

- Se a parte masculina predominar, temos esta "estrela":

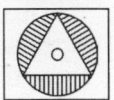

Os filhos de Oxóssi são curiosos e sentem atração por tudo o que for interessante.

As filhas de Obá são reservadas e sentem atração pelo que for prático.
- Os filhos de Oxóssi apreciam viajar, estudar, fazer muitas amizades e confiam muito facilmente.
- As filhas de Obá apreciam a vida doméstica, a segurança do lar e são muito reservadas com suas amizades, preferindo falar da vida alheia que da própria, e desconfiam ao primeiro sinal de alerta interior.
- Os filhos de Oxóssi não apreciam pessoas ignorantes, lugares fechados, a monotonia, conversas tolas, pessoas falsas.
- As filhas de Obá não apreciam pessoas soberbas, lugares ou reuniões agitadas, conversas chulas, pessoas vaidosas ou rompantes.
- Os filhos de Oxóssi, se no positivo, são galanteadores, verborrágicos, confiáveis, leais, sensíveis às necessidades alheias e muito prestativos.

- As filhas de Obá, se no positivo, são humildes, boas ouvintes dos nossos problemas, conselheiras, capazes de dar o próprio pão a alguém que não tem nada para comer, são resignadas e esperançosas.
- Os filhos de Oxóssi, se no negativo, são críticos ácidos, linguarudos e respondões, vingativos, perigosos e brigam por qualquer motivo.
- As filhas de Obá, se no negativo, são intrigantes, ficam remoendo uma ofensa recebida, são cruéis e traiçoeiras, e se vingam na primeira oportunidade que surgir.
- Os filhos de Oxóssi harmonizam-se facilmente com os filhos de Oxalá, Ogum, Xangô, Oxumaré e Omolu, e têm reservas quando em contato com os filhos de Obaluaiê. Compatibilizam-se facilmente com as filhas de Iemanjá, Oxum, Oiá e Iansã, e têm reservas com as filhas de Obá, Egunitá e Nanã Buruquê.
- As filhas de Obá conciliam-se facilmente com os de Ogum, Obaluaiê, Oxalá e Xangô, mas não muito com os filhos de Oxumaré, Oxóssi e Omolu. E harmonizam-se facilmente com as filhas de Iemanjá, de Nanã e de Oxum, e não facilmente com as de Egunitá, de Oiá e de Iansã.
- Os filhos de Oxóssi são regidos pelo planeta Mercúrio.
- As filhas de Obá são regidas pelo planeta Urano.
- Oxóssi é o número cinco e Obá é o número quatorze.
- Oxóssi é a descontração e Obá é a observadora.

Fator Expansor

As Filiações de Oxóssi e Obá

O fator expansor atua sobre o raciocínio dos seres e ora o expande, aumentando a sua capacidade de apreensão e de aprendizado, e ora o concentra, fixando o ser numa determinada faixa de apreensão da realidade à sua volta e limitando-o na sua capacidade de absorver novos conhecimentos.

Essa sua atribuição visa os seres e regula suas evoluções, pois se a expansão do raciocínio e a consequente expansão de novas faculdades mentais abrem-lhes o leque de opções, a concentração do raciocínio atua em sentido contrário e fixa o ser numa única faixa do conhecimento, limitando-o a umas poucas faculdades mentais, para ajudá-lo a não se dispersar e regredir.

A energia fatoral divina satura o éter universal ou "prana" e, dependendo do magnetismo mental dos seres, eles tanto podem absorver uma parte de um fator como absorver a outra.

E, se no caso do fator expansor, regido por Oxóssi e Obá, o ser estiver magneticamente positivo, então estará absorvendo o fator expansor do raciocínio e concentrador da capacidade de apreensão. Mas se o ser estiver magneticamente negativo, seu mental altera sua polaridade e o ser começa a absorver a parte feminina desse fator, que é gerado por Nanã e que decantará seu raciocínio, assim como também poderá absorver a parte masculina negativa, gerada por Omolu e que é paralisante e paralisará as faculdades mentais do ser que se desvirtuou a partir do seu conhecimento.

Omolu gera a parte equilibradora do fator telúrico assim como a parte paralisadora dele. E, como Omolu e Obá são os dois únicos Orixás telúricos puros, já que Nanã e Obaluaiê são telúricos-aquáticos, então ele participa do fator expansor, mas como o gerador de sua parte masculina negativa.

Esta é a distribuição gráfica das partes do fator expansor:

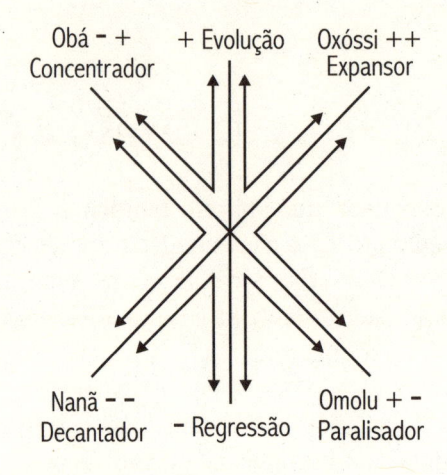

```
        Obá - +      + Evolução    Oxóssi ++
       Concentrador                 Expansor


                      ✦


        Nanã - -                    Omolu + -
       Decantador    - Regressão   Paralisador
```

- Oxóssi expande o conhecimento;
- Obá concentra o raciocínio;
- Omolu paralisa as faculdades mentais;
- Nanã decanta as faculdades mentais.

Esses quatro Orixás têm a capacidade de gerar as quatro partes fundamentais do fator expansor destinadas aos seres, sendo que duas são positivas e duas são negativas.

Todos os fatores têm essa divisão e os Orixás que regem suas partes negativas atuam neles por intermédio dos seus aspectos negativos, que são qualidades punidoras dos seres que dão uso errôneo às suas faculdades mentais relacionadas com os sete sentidos da vida.

- O fator paralisador de Omolu paralisa a capacidade de aprender.
- O fator decantador de Nanã esgota as faculdades mentais que sofreram "distorções".

Sabemos que os aspectos ou qualidades negativos, se são punidores, visam ao bem último dos seres pois, ao paralisar o raciocínio e decantar as faculdades invertidas, está impedindo-os de continuarem a dar uso errôneo ao conhecimento e evitando que regridam ainda mais.

Já os aspectos ou qualidades positivas ora aceleram a evolução e ora concentram o ser para que ele amadureça num só sentido, senão se perderá.

Agora que vimos as partes que formam o fator expansor, vejamos as duas hereditariedades que surgem a partir das fusões das partes masculinas e femininas positivas.

Hereditariedades no fator expansor – filiações de Oxóssi e Obá

As partes positivas masculina e feminina do fator expansor se fundem e geram duas filiações puras, uma de Oxóssi e outra de Obá, ambas ligadas ao conhecimento e por isso mesmo puras.

- A fusão do fator expansor com o fator concentrador gera seres masculinos, identificados como filhos puros de Oxóssi, pois se fixam no conhecimento, ampliando-o e expandindo-o em todos os sentidos.
- A fusão do fator condensador com o fator expansor gera seres femininos, identificados como filhas puras de Obá, pois se fixam no raciocínio, concentrando-o e expandindo-o num único sentido da vida, sempre visando dominá-lo integralmente.

Essas duas filiações geradas com a fusão das duas partes positivas do fator expansor são tidas como puras porque o conhecimento as estimula a se expandirem ou se concentrarem na evolução do raciocínio.

Aqui voltamos a alertar que nenhum Orixá gera os seres, mas, tão somente, os qualificam e, ao fatorá-los, distingue-os com suas naturezas, qualidades e caracteres hereditários.

Dessa maneira, vejamos as filiações mistas de Oxóssi e Obá.

Filiações Mistas de Oxóssi

- Oxóssi e Oiá-Tempo → fator expansor + fator cristalizador
- Oxóssi e Oxum → fator expansor + fator conceptivo
- Oxóssi e Egunitá → fator expansor + fator condensador
- Oxóssi e Iansã → fator expansor + fator direcionador
- Oxóssi e Nanã → fator expansor + fator decantador
- Oxóssi e Iemanjá → fator expansor + fator gerador

1ª Filiação mista de Oxóssi e Oiá → gera seres masculinos expansores-cristalizadores; seres vegetais-temporais; seres expansores da religiosidade, todos regidos pelo Trono masculino vegetal-temporal cristalino, também conhecido como Oxóssi da Fé.

2ª Filiação mista de Oxóssi e Oxum → gera seres masculinos expansores-conceptivos; seres vegetais-minerais; seres expansores da concepção, todos regidos pelo Trono masculino vegetal-mineral, também conhecido como Oxóssi do Amor.

3ª Filiação de Oxóssi e Egunitá → gera seres masculinos expansores-concentradores; seres vegetais-ígneos; seres expansores das condensações, todos regidos pelo Trono masculino vegetal-ígneo, também conhecido como Oxóssi da Razão.

4ª Filiação mista de Oxóssi e Iansã → gera seres expansores-direcionadores; seres vegetais eólicos; seres expansores das direções, todos regidos pelo Trono vegetal-eólico, também conhecido como Oxóssi da Lei ou do Ar.

5ª Filiação mista de Oxóssi e Nanã → gera seres expansores-decantadores; seres vegetais aquáticos-telúricos; seres expansores das decantações, todos regidos pelo Trono masculino vegetal aquático-telúrico, também conhecido como Oxóssi da Evolução ou do Saber.

6ª Filiação mista de Oxóssi e Iemanjá → gera seres masculinos expansores-geradores; seres vegetais-aquáticos; seres expansores da criatividade, todos regidos pelo Trono vegetal-aquático, também conhecido como Oxóssi da Geração e da Criatividade.

Assim, temos as seis filiações mistas de Oxóssi, cujas características hereditárias herdadas de suas mães fatoradoras dão-lhes as nuanças diferenciadoras entre tantos filhos de um mesmo Orixá, cuja principal qualidade divina detectada por nós é a de gerar o conhecimento e expandir o raciocínio dos seres, amortecendo o instinto natural contra o qual todos lutamos por adormecer em nossa natureza íntima.

Vejamos as filiações mistas do fator concentrador com as partes masculinas dos outros fatores, ou filiações mistas de Obá com os outros Orixás.

Filiações Mistas de Obá

- Obá e Oxalá → fator expansor + fator magnetizador
- Obá e Oxumaré → fator concentrador + fator renovador
- Obá e Xangô → fator concentrador + fator equilibrador
- Obá e Ogum → fator concentrador + fator ordenador
- Obá e Obaluaiê → fator concentrador + fator transmutador
- Obá e Omolu → fator concentrador + fator gerador

1ª Filiação mista de Obá e Oxalá → gera seres femininos concentradores-magnetizadores; seres telúricos-cristalinos, todos regidos pelo Trono feminino telúrico-cristalino, também conhecido como Orixá Obá Cristalina ou Obá da Fé.

2ª Filiação mista de Obá e Oxumaré → gera seres femininos concentradores-renovadores; seres telúricos-temporais-minerais; seres concentradores das renovações, todos regidos pelo Trono feminino telúrico temporal-mineral, também conhecido como Orixá Obá da Renovação.

3ª Filiação mista de Obá e Xangô → gera seres femininos concentradores-equilibradores; seres telúricos-ígneos; seres concentradores da razão, todos regidos pelo Trono feminino telúrico-ígneo, também conhecido como Orixá Obá do Fogo ou da Razão.

4ª Filiação mista de Obá e Ogum → gera seres femininos concentradores-ordenadores; telúricos-eólicos; seres concentradores-ordenadores, todos regidos pelo Trono feminino telúrico-eólico, também conhecido como Orixá Obá da Lei ou da Ordenação.

5ª Filiação mista de Obá e Obaluaiê → gera seres femininos concentradores-transmutadores; seres telúricos-aquáticos; seres concentradores das transmutações, todos regidos pelo Trono feminino telúrico-aquático, também conhecido como Orixá Obá da Evolução.

6ª Filiação mista de Obá e Omolu → gera seres femininos concentradores-geradores; seres telúricos puros; seres concentradores geradores, todos regidos pelo Trono feminino telúrico, também conhecido como Orixá Obá da Geração.

Observação: esta geração de Obá e Omolu só é mista porque esses Orixás atuam em sentidos diferentes, já que Obá atua no raciocínio com seu fator concentrador e Omolu, na geração com seu fator gerador, mas no fator expansor ele atua como fator paralisador ou sua parte masculina negativa que se contrapõe à expansividade de Oxóssi, que gera o fator expansor, equilibrando-o.

Omolu e Obá geram seres telúricos puros por causa do elemento terra. Mas isso não acontece porque, se os fatores são classificados como telúricos, suas partes atuam em sentidos diferentes pois o de Obá atua no raciocínio e o de Omolu, na geração.

Sabemos que duas partes de um fator puro nunca atuam num mesmo sentido senão os seres não desenvolveriam um polo magnético negativo e seu elemento oposto.

Assim, temos as seis filiações mistas de Obá, e com o devido esclarecimento sobre o fato de ela e de Omolu serem telúricos.

Num outro nível mais profundo da ciência divina, o conhecimento é de que Obá é um Orixá terra-vegetal e Omolu um Orixá terra cristalina ou Orixá telúrico-temporal.

Mas esse conhecimento é muito profundo e de pouca utilidade, já que sua complexidade só confundiria ainda mais o entendimento religioso do mistério dos Orixás, os Tronos de Deus.

Existem sete tipos de Tronos de um mesmo elemento, e se já revelamos que no elemento telúrico temos em Obá a terra-vegetal e em Omolu a terra-cristalina, também temos em Obaluaiê a terra-água.

Essas diferenças são fundamentais e, conhecendo-as realmente, entenderemos as telas quadriculadas onde os Orixás estão assentados como regentes dos seus níveis intermediários ou faixas vibratórias.

Sabemos também que os sete Tronos de Deus são indiferenciados e é a partir das suas características divinas que são encontrados os sete fatores compostos que dão as naturezas íntimas dos seres gerados por Deus.

Os sete Tronos de Deus são sete qualidades divinas e são sete geradores de energias divinas, cada um gerando um tipo, um magnetismo e uma natureza, pois geram um fator completo.

Esses sete Tronos de Deus "vivem" em Deus, no seu interior. Já os Tronos fatorais que geram só as partes dos sete fatores aqui descritos por nós, estes já vivem no exterior de Deus, pois o plano fatoral é onde são geradas as "estrelas vivas" que recebem os seres gerados no interior de Deus e que são emanados com centelhas luminosas vivas pois são seres, e que são recolhidos nas estrelas vivas e nelas sofrem uma imantação, recebendo um código genético energético surgido quando da fusão dos fatores que as geram.

Em verdade, as "estrelas vivas" são códigos genéticos divinos que distinguirão os seres com as características dos Tronos que as geraram. E, por serem vivas, são animadas pelas naturezas íntimas de quem as gerou.

A Hereditariedade na Irradiação da Justiça Divina

Xangô e Egunitá (Niguê-iim)

Onda geradora ígnea { Fator equilibrador — Xangô
Fator consumidor — Egunitá (Niguê-iim-yê)

A irradiação da Justiça Divina é uma onda viva que nasce em Deus e alcança tudo e todos.

Ela é bipolar e tem em sua parte ou polo positivo um magnetismo, que é irradiado na forma de raios retos, estáveis, passivos. Sua corrente é contínua e equilibradora. O Orixá que a pontifica é Xangô, divindade gerada em Deus, e que é em si a Justiça Divina que equilibra tudo, desde a gênese das coisas até o sentimento dos seres.

Já sua parte ou polo negativo é cósmico, consumidor dos desequilíbrios, das injustiças e dos vícios. Seu magnetismo é alternado e, numa onda irradiada por propagação, o seu fator consumidor imanta o que está desequilibrado, incandescendo-o e queimado sentimentos negativos, agregações desequilibradas, injustiças ou vícios emocionais. Vamos a um comentário sobre esse Trono Fatoral Ígneo.

Observação: No Trono Fatoral que gera a parte feminina positiva, por ser ígneo em todos os sentidos, não encontramos nenhum Orixá feminino natural com esta qualidade.

Não existe nenhuma "humanização" de um Orixá feminino natural que seja puro do fogo e só encontramos alguns comentários sobre "Egunitá", que é um Orixá manifestador de uma das qualidades de Iansã: a sua qualidade ígnea.

Recomendamos que se atenham ao nome "Egunitá" no sentido exato que ele tem:

O nome "Egunitá", que usamos aqui, serve para identificar um Orixá cósmico do fogo, cujo nome mantra ou sagrado é este: "Iá-fer-yê-ni-guê-ka-li-iim-ma-hesh-mi-iim-yê" ou simplesmente "Mãe Niguê".

Nós, que conhecemos um pouco da teogonia iorubana, sabemos o significado de Egunitá nos cultos de origem ioruba e se usamos o nome desta mãe Orixá manifestadora de uma das qualidades de Iansã, só começamos a usá-lo no lugar da nossa amada mãe Niguê-iim, com o consentimento dela, transmitido a nós por sua mensageira divina.

Portanto, aos que nos questionam quanto ao nome "Egunitá" encabeçar uma das Sete Linhas de Umbanda, respondemos: se usamos o nome Egunitá para classificarmos uma Orixá pura do fogo e cujo segundo elemento é o eólico, só o fazemos com o consentimento dela e da nossa amada mãe Niguê-iim-yê, que só foi humanizada em solo hindu e cujo nome é este: Deus Kali, a mãe do fogo da vida e chama do amor divino.

Evoquem-na como Egunitá, como Niguê-iim-yê ou Ka-li-iim-yê, que ela, o Trono fatoral que gera a parte feminina e ígnea do fator equilibrador, lhes responderá e lhes atenderá com o mesmo amor e compreensão que tem para com todos os filhos de Deus e dos sagrados Orixás.

Egunitá é em si a divindade cósmica da Justiça Divina, cujo fator ígneo consome tudo, ou retira o calor de tudo, resfriando o objeto de sua atuação e paralisando seus desequilíbrios.

Ela é em si o fogo da purificação e gera em si toda uma hereditariedade de divindades cósmicas do fogo da purificação.

Xangô é passivo e seu magnetismo gira para a direita. Egunitá é ativa e seu magnetismo gira para a esquerda.

Xangô irradia-se em raios retos e Egunitá irradia-se por propagação.

Xangô é irradiação contínua e chega a todos o tempo todo, não deixando ninguém sem o amparo da Justiça Divina.

Egunitá propaga-se cosmicamente e suas fagulhas ígneas começam a imantar tudo o que está desequilibrado, até que se forme uma condensação energética ígnea, e aí surgem labaredas cósmicas que consomem os desequilíbrios, anulando sua causa e paralisando quem estava desequilibrado.

Esse fogo purificador de Egunitá tem o poder de consumir tudo que se condensou e em certos casos só resta um vazio cósmico em que ele atuou.

Xangô é a chama da Justiça Divina que aquece o racional dos seres e abrasa os sentimentos íntimos relacionados com as coisas da justiça.

Egunitá é o fogo da purificação que consome os vícios e esgota o íntimo dos seres viciados.

Estes Orixás, por terem sido gerados por Deus em Si mesmo, assumem a condição de irradiadores da qualidade de Deus onde foram gerados, pois são em si mesmos "ela", e a geram de si. Então, Xangô gera e irradia o fogo da Justiça Divina e Egunitá gera e irradia o fogo da purificação.

- Xangô gera o equilíbrio da justiça;
- Egunitá gera o fogo que consome os desequilíbrios;
- Xangô é o número três;
- Egunitá é o número nove;
- Xangô é a chama universal;
- Egunitá é a labareda cósmica;
- Xangô é o raio solar gerador de vida;
- Egunitá é a chama solar que consome todos os elementos em sua massa incandescente;
- Xangô é abrasador;
- Egunitá é incandescente.

Ambos são Orixás "solares".

Enfim, são duas divindades ígneas, sendo Xangô a justiça universal, racionalista e equilibradora, e Egunitá, a justiça cósmica, reativa e consumidora dos desequilíbrios emocionais.

Xangô por ser passivo, envia a todos os seus raios aquecedores dos sentimentos equilibrados. Egunitá, por ser ativa, tanto envia suas labaredas incandescentes quanto retira todo o calor de um ser e o congela no tempo.

As hereditariedades de Xangô e Egunitá (Niguê-iim)

Xangô e Egunitá fatoram os seres gerados por Deus na sua qualidade equilibradora, e os imantam com os seus magnetismos ígneos, dando-lhes suas qualidades puras, ígneas e judiciosas.

Xangô fatora os seres machos e Egunitá, os seres fêmeas.
- Os filhos de Xangô, se positivos, são passivos, racionais, meditativos e observadores atentos, mas pouco falantes e geniais.
- As filhas de Egunitá, se positivas, são ativas, emotivas, impulsivas, reparadoras, faladoras e geniosas.
- Os filhos de Xangô, se negativados, são reclusos, calados, rancorosos, implacáveis nos seus juízos, intratáveis.
- As filhas de Egunitá, se negativadas, são egoístas, briguentas, intrigantes, vingativas, insensíveis e teimosas.
- Os filhos de Xangô apreciam a leitura, a música, os discursos, a boa companhia, principalmente de mulheres vivazes, o aconchego do lar e da boa mesa.
- As filhas de Egunitá apreciam as conversas reservadas, os espetáculos emotivos, as reuniões direcionadas, tais como as de estudo, de orações, políticas, etc. Apreciam a companhia de pessoas passivas e a de homens que as encantem; gostam de passear, pois não suportam o isolamento do lar.
- Os filhos de Xangô nem festas arrivistas, reuniões emotivas, companhias desequilibradas ou mulheres apáticas, os egoístas e os soberbos.

- As filhas de Egunitá não apreciam homens presunçosos, arrivistas e preguiçosos, não apreciam festas monótonas, conversas tolas, comidas sonsas e bebidas adocicadas.
- Os filhos de Xangô gostam de se vestir bem, mas com sobriedade.
- As filhas de Egunitá gostam de se vestir bem, mas com roupas coloridas ou de cores fortes.
- Os filhos de Xangô são judiciosos.
- As filhas de Egunitá são belicosas.
- Os filhos de Xangô se consolidam facilmente com os filhos de Oxalá, de Ogum, de Oxóssi, e com as filhas de Iansã, de Iemanjá, de Oxum e de Oiá.
- As filhas de Egunitá se compatibilizam facilmente com as filhas de Iansã, de Oiá e de Nanã, e com os filhos de Ogum, de Omolu, de Oxalá e de Oxumaré.
- Os filhos de Xangô não se harmonizam facilmente com os filhos de Oxumaré, de Omolu e de Obaluaiê e não se dão bem com as filhas de Egunitá, de Obá e de Nanã.
- As filhas de Egunitá não se dão bem com as filhas de Iemanjá, de Obá e de Oxum, e nem com os filhos de Xangô, de Obaluaiê e de Oxóssi.

Observação: esse "se dar bem" significa que se harmonizam naturalmente, e "não se dar bem" significa que não se harmonizam naturalmente. Mas lembrem-se de que para toda regra geral há exceções individuais. Ok?

— Os filhos de Xangô são de estatura baixa ou média, de compleição robusta ou atarracada.
— As filhas de Egunitá são de estatura média ou alta, de compleição longilínea ou magras.

Fator Equilibrador

As Filiações de Xangô e Egunitá (Niguê-iim)

O fator equilibrador atua sobre a razão dos seres e lhes dá o equilíbrio em todos os sentidos da vida, sendo que sua energia viva é ígnea e suas duas partes positivas são geradas pelos Orixás Xangô e "Egunitá".

- Xangô gera sua parte masculina, positiva, passiva e equilibradora da razão.
- Egunitá gera sua parte feminina, positiva, ativa e condensadora da razão, assim como ela é: consumidora dos excessos emocionais dos seres.

Enquanto Xangô irradia a energia ígnea viva, Egunitá condensa essa energia e lhe dá estabilidade magnética, possibilitando que ela seja irradiada por meio de ondas vibratórias específicas, e que só alcançam os seres que estão desequilibrados emocionalmente ou que desvirtuaram-se dos princípios da justiça divina, equilibradora de toda a criação de Deus.

O fator equilibrador, que é ígneo, tem a capacidade de dar o ponto de equilíbrio a tudo que Deus gera, pois esta é sua qualidade divina, cuja atribuição principal é a de dar equilíbrio a tudo o que é gerado.

O Trono da Justiça divina gera a energia fatoral equilibradora ígnea e a irradia por toda a criação.

- Xangô é o Trono fatoral que gera a parte masculina positiva do fator equilibrador. Já o Trono fatoral, que gera a parte masculina negativa desse fator puro, não foi humanizado e, portanto, não temos como descrevê-lo porque isso não é permitido. Então, esse fator puro, na sua quadriculação, não terá essa identificação.

O Trono gerador da sua parte feminina negativa, se não foi humanizado na divindade de uma Orixá, foi humanizado no continente indiano como a deusa Kali dos hindus.

Ela é descrita por eles como uma divindade temida pois, como sabemos, absorve todo o calor dos espíritos devassos, desequilibrados, etc.

Mas Egunitá traz em si essa faculdade consumidora de energias viciadas e até de magnetismos mentais desequilibrados, esgotando-os e esfriando seus emocionais.

Por isso, quem lida com esse seu aspecto negativo são as Pombagiras do Fogo, o mesmo aplicaremos ao Orixá Xangô na quadriculação do fator equilibrador, ígneo, por sua formação pura.

Então, nas quatro partes do fator ígneo ou equilibrador temos:

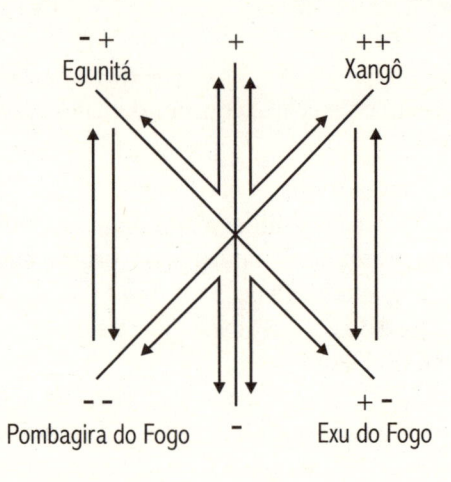

```
      - +            +           + +
     Egunitá                    Xangô




      - -            -          + -
  Pombagira do Fogo           Exu do Fogo
```

A não revelação das duas divindades cósmicas regentes dos aspectos negativos do fogo, que são geradoras naturais das partes negativas do fator equilibrador, visa resguardar os mistérios negativos do fogo.

Então, que Exu do Fogo e Pombagira do Fogo respondam por essas duas partes negativas de um fator puro.

O importante é que o Trono da Justiça divina rege essas quatro partes, todas ígneas, do fator equilibrador. E, no plano fatoral da vida, elas já estão diferenciadas e identificadas, sendo que o Orixá Xangô fatoral gera sua parte masculina positiva e passiva e a Orixá Egunitá fatoral gera a sua parte feminina positiva e ativa.

A fusão dessas duas partes gera "estrelas da vida" e qualifica duas hereditariedades ígneas puras, sendo uma masculina e outra feminina.

- Se a parte feminina predominar, temos esta "estrela":

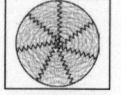

- Se a parte masculina predominar, temos esta "estrela":

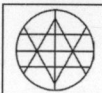

As filiações puras de Xangô e de Egunitá (Niguê-iim)

- Filiação pura de Xangô, Orixá equilibrador e regente masculino da justiça divina: a parte masculina positiva do fator equilibrador funde-se com a parte feminina positiva condensadora e fatoram seres masculinos equilibradores puros.
- Filiação pura de Egunitá, Orixá condensador e consumidor, regente feminina da justiça divina: a parte feminina positiva do fator condensador funde-se com a parte masculina positiva equilibradora e fatoram seres femininos condensadores e consumidores.

Essas duas filiações geram estrelas da vida ígneas e fatoram os seres gerados por Deus em sua onda viva da vida ígnea, dando origem aos seres ígneos puros.

Mas tanto Xangô quanto Egunitá geram filiações mistas só com os fatores mineral, cristalino, eólico e telúrico.

Quanto aos fatores expansores e criativos regidos por Oxóssi e Iemanjá, só surgem filiações de Xangô com Obá e de Egunitá com Obaluaiê, ou seja, consumidora das paralisações e equilibrador das concentrações para, aí sim, a partir da terra alcançarem o fator vegetal e o fator aquático.

Mas nunca teremos uma linhagem mista de seres ígneos-vegetais ou de ígneos-aquáticos, somente de seres equilibradores do raciocínio e de seres condensadores da criatividade.

Vejamos as filiações mistas do fator equilibrador, um fator ígneo por excelência e por sua formação pura.

Filiações Mistas de Xangô.

- Xangô e Oiá-Tempo → fator equilibrador – fator cristalizador
- Xangô e Obá → fator equilibrador – fator concentrador
- Xangô e Oxum → fator equilibrador – fator conceptivo
- Xangô e Iansã → fator equilibrador – fator direcionador
- Xangô e Nanã → fator equilibrador – fator decantador

1ª Filiação mista de Xangô e Oiá-Tempo → gera seres masculinos equilibradores-cristalizadores; seres ígneos-cristalinos; seres equilibradores das religiosidades, todos regidos pelo Trono masculino ígneo temporal-cristalino, também conhecido como Orixá Xangô do Tempo ou Xangô da Fé.

2ª Filiação mista de Xangô e Obá → gera seres masculinos equilibradores-condensadores; seres ígneos-telúricos; seres equilibradores do raciocínio, todos regidos pelo Trono masculino ígneo-telúrico, também conhecido como Orixá Xangô da Terra ou Xangô do Conhecimento.

3ª Filiação mista de Xangô e Oxum → gera seres equilibradores-conceptivos; seres ígneos-minerais; seres equilibradores das concepções, todos regidos pelo Trono masculino ígneo-mineral, também conhecido como Orixá Xangô Mineral ou Xangô das Pedras.
4ª Filiação mista de Xangô e Iansã → gera seres masculinos equilibradores-direcionadores; seres ígneos-eólicos; seres equilibradores da lei, todos regidos pelo Trono masculino ígneo-eólico, também conhecido como Xangô da Lei ou Xangô do Ar.
5ª Filiação mista de Xangô e Nanã → gera seres masculinos equilibradores-decantadores; seres ígneos-telúricos-aquáticos; seres equilibradores das decantações, todos regidos pelo Trono ígneo-telúrico-aquático, também conhecido como Xangô da Evolução e da Geração ou Xangô da Terra e da Água.

Aqui, também, é por meio da "terra" de Nanã que Xangô chega à água de Iemanjá, pois com esta o fogo só chega de um terceiro elemento, essência ou fator, já que são opostos e um anularia o outro.

Vejamos as filiações mistas de Egunitá ou fusão da parte feminina positiva ativa do fator ígneo com as partes masculinas positivas dos outros fatores.

Filiações Mistas de Egunitá (Niguê-iim)

- Egunitá e Oxalá → fator condensador – fator magnetizador
- Egunitá e Oxumaré → fator condensador – fator renovador
- Egunitá e Ogum → fator condensador – fator ordenador
- Egunitá e Obaluaiê → fator condensador – fator evolução
- Egunitá e Omolu → fator condensador – fator gerador

1ª Filiação mista de Egunitá e Oxalá → gera seres femininos condensadores-magnetizadores; seres ígneos-cristalinos; seres condensadores da fé, todos regidos pelo Trono ígneo-cristalino, também conhecido como Orixá Obá da Fé ou Obá Cristalina.
2ª Filiação mista de Egunitá e Oxumaré → gera seres femininos condensadores-renovadores; seres ígneos-temporais-minerais;

seres condensadores das renovações, todos regidos pelo Trono ígneo-temporal-mineral, também conhecido como Egunitá do Amor ou Egunitá Mineral.

3ª Filiação mista de Egunitá e Ogum → gera seres femininos condensadores-ordenadores; seres ígneos-eólicos; seres condensadores das ordenações, todos regidos pelo Trono feminino telúrico-eólico, também conhecido como Egunitá da Lei.

4ª Filiação mista de Egunitá e Obaluaiê → gera seres femininos condensadores-transmutadores; seres ígneos-telúricos-aquáticos; seres condensadores das evoluções, todos regidos pelo Trono feminino ígneo-telúrico-aquático, também conhecido como Egunitá da Evolução.

5ª Filiação mista de Egunitá e Omolu → gera seres femininos condensadores-estabilizadores; seres ígneos-telúricos; seres condensadores da geração, todos regidos pelo Trono feminino ígneo-telúrico, também conhecido como Egunitá da Geração ou da Terra.

Assim, temos as filiações mistas de Egunitá, que não gera uma filiação mista ígnea-vegetal e outra ígnea-aquática. Mas por meio de Obaluaiê ela alcança o fator aquático puro, assim como Xangô alcança o fator vegetal puro por intermédio de Obá.

As Características das Divindades Ordenadoras da Lei

Ogum e Iansã – Orixás Eólicos

Onda divina eólica { Fator ordenador → Ogum > Irradiação
                    { Fator direcionador → Iansã   da Lei Maior

Vamos comentar a irradiação divina que faz surgir as divindades responsáveis pela aplicação da Lei Maior: Ogum e Iansã!

Nessa irradiação Ogum é passivo, pois seu magnetismo irradia-se em ondas retas, em corrente contínua e seu núcleo magnético gira para a direita ou em sentido horário. Seu fator é ordenador.

Já Iansã é ativa, pois seu magnetismo irradia-se em ondas curvas, em corrente alternada e seu núcleo magnético gira em sentido anti-horário ou para a esquerda. Seu fator é direcionador.

- Ogum ordena e Iansã direciona.
- Ogum irradia continuamente uma mesma qualidade, Iansã irradia alternadamente, pois nessa alternância, quando irradia em ondas curvas, direciona os seres, e quando absorve, também em ondas curvas, esgota o emocional dos seres. Na sua alternância como aplicadora da lei, ora ela direciona o ser que está

num "caminho" e o conduz a outro onde ele evoluirá melhor, assim como pode esgotá-lo caso retire o elemento eólico que dá mobilidade a ele, apatizando-o.

- Se a parte feminina predominar, temos esta "estrela":

- Se a parte masculina predominar, temos esta "estrela":

As características dos seres regidos por Ogum e Iansã

Na onda divina imantadora e fatoradora dos seres regidos pelas divindades aplicadoras da Lei Maior, os seres machos são magnetizados por Ogum e assumem sua natureza ordenadora e reta. As fêmeas são magnetizadas por Iansã e assumem sua natureza direcionadora e movimentadora.

Tantos os seres machos quanto os seres fêmeas serão regidos pela Lei Maior. Mas os de natureza Ogum serão machos e os de natureza Iansã serão fêmeas.

- Os filhos de Ogum são irredutíveis e tentam impor-se a todo custo.
- As filhas de Iansã são emotivas e se não se impõem, revoltam-se e abandonam quem não se submete a elas, e logo estão estabelecendo novas ligações... em que imporão.
- Os filhos de Ogum, no negativo, são possessivos, intolerantes, rigorosos com os outros, insensíveis, aguerridos, encrenqueiros, implacáveis, irredutíveis em seus pontos de vista e irascíveis.

Já no positivo, são leais, vigorosos no amparo aos seus afins, protetores, ciumentos dos seus, não abandonam um amigo à própria sorte e dão a vida para salvar alguém.

- As filhas de Iansã, no negativo, são apaixonadas, bravas, emotivas, de pavio curto, falantes, briguentas, intolerantes, não perdoam quem as magoa e são explosivas.

Já no positivo, são envolventes, risonhas, alegres, amorosas, cativantes, mas sem pieguice, possessivas com os seus, amigas e companheiras leais, mulheres decididas que tomam iniciativas ousadas, expeditas, ágeis no pensar e no falar, objetivas e lutadoras e são líderes natas.

- Os filhos de Ogum harmonizam-se facilmente com os filhos de Omolu, de Xangô e de Oxalá; e com as filhas de Iemanjá, de Egunitá, de Obá e de Oiá.

Os filhos de Ogum não se harmonizam facilmente com os filhos de Oxumaré, de Obaluaiê e de Oxóssi; e não se dão bem com as filhas de Nanã, de Iansã (suas irmãs) e de Oxum.

- As filhas de Iansã têm afinidade com as filhas de Iemanjá, de Oiá, de Oxum e de Nanã; e com os filhos de Oxalá, de Omolu, de Obaluaiê, de Oxóssi e de Xangô.

As filhas de Iansã não se compatibilizam facilmente com as filhas de Obá e de Egunitá; e não se dão bem com os filhos de Ogum e de Oxumaré.

- Os filhos de Ogum apreciam viagens, competições, esportes violentos, discussões acaloradas, comidas e bebidas fortes, e mulheres que se apaixonam por eles, claro!

Não apreciam a monotonia, o sedentarismo, as músicas suaves ou melancólicas, o trabalho onde devem ficar incomunicáveis ou presos a um mesmo lugar, repetitivo mesmo.

- As filhas de Iansã apreciam festas, pessoas falantes e alegres, ambientes enfeitados e multicoloridos, viagens a passeio, homens envolventes, trabalhos agitados.

Não apreciam homens introvertidos, reuniões monótonas, amizades egoístas, ambientes conservadores, trabalhos ou deveres monótonos, comidas pesadas, roupas sóbrias, a "prisão" da vida doméstica, a repetição das mesmas coisas no seu dia a dia.

- Os filhos de Ogum são de estatura média e de compleição física forte e voluntariosa, tendendo para o corpo musculoso.
- As filhas de Iansã são de estatura média e de compleição curvilínea bem delineada, tendendo para o sensualismo.
- Os filhos de Ogum, apesar de detestarem o sedentarismo, gostam de ter seu canto, para onde retornam ao fim do seu dia bastante ativo.

- As filhas de Iansã não são muito apegadas às suas moradas e apreciam ficar na de suas amigas íntimas, com as quais se dão bem e se apegam com facilidade.

Vamos parar por aqui, senão continuaremos a listar características cada vez mais íntimas dos filhos de Ogum e de Iansã. Só acrescentaremos isto de suas intimidades: os filhos de Ogum são muito volúveis quanto ao sexo e se apaixonam muito facilmente, assim como logo estão em busca de nova paixão.

Já as filhas de Iansã são muito seletivas e só se apaixonam de fato se o homem for muito envolvente. Do contrário, assim como os atrai, dispensa-os com uma rapidez impressionante.

Desta forma, temos as características mais marcantes dos seres regidos pela irradiação da Lei, e por Ogum e Iansã. Outras mais, eles podem revelar ou podemos descobrir observando-os.

- Sabemos que, na astrologia, os filhos de Ogum são regidos por Marte e as filhas de Iansã são regidas pelo Sol.
- Na numerologia, Ogum é o número sete e Iansã é o número treze.
- Nos elementos Ogum é o ar que refresca e a brisa que acalenta, e Iansã é o vendaval que desaba e a ventania que faz tudo balançar.
- Na irradiação da Lei, Ogum é o princípio ordenador inquebrantável, e Iansã é a lei atuando no sentido de redirecionar os seres que se desequilibraram.
- Na fé, Ogum é o dogma e Iansã é a novidade que a renova na mente e no coração dos seres.
- Na vida, Ogum é sua defesa e Iansã é a busca de melhores condições de vida para os seres.
- Na criação divina, Ogum é a defesa de tudo o que foi criado e Iansã é a busca de adaptação do ser ao meio onde vive.

E por aqui paramos, senão não colocaremos um final a este comentário, pois como já dissemos, uma qualidade está em tudo e em todos os aspectos dos seres.

Fator Ordenador

As Filiações de Ogum e Iansã

O fator ordenador é gerado como energia divina viva pelo Trono da Lei.

Como todo fator composto, ele também possui suas quatro partes, sendo duas positivas e duas negativas.

O fator ordenador é classificado como eólico e tem em Ogum e Iansã os Tronos fatorais geradores de suas partes positivas, sendo que a parte que ele gera é positiva e passiva e dá aos seres uma natureza forte e reta, ainda que intempestiva, pelo fato de ser uma energia viva eólica. Já a parte que Iansã gera é positiva e ativa, pois estimula a busca contínua e a mobilidade da natureza íntima dos seres fatorados por ela.

Já os geradores das duas partes negativas do fator ordenador são gerados pelos dois Tronos não "humanizados". Exu e Pombagira tomam seus lugares.

• Ogum gera o fator potencializador;
• Iansã gera o fator direcionador;
• Exu gera o fator desvitalizador;
• Pombagira gera o fator apatizador.

A distribuição desse fator é essa:

Ogum e Iansã geram duas filiações ordenadoras puras pois ambos são geradores desse fator eólico puro por suas excelências e suas formações eólicas puras.

```
        Iansã - +        +        Ogum + +
        Direcionadora             Potencializador




        Pombagira - -             Exu + -
                        -
```

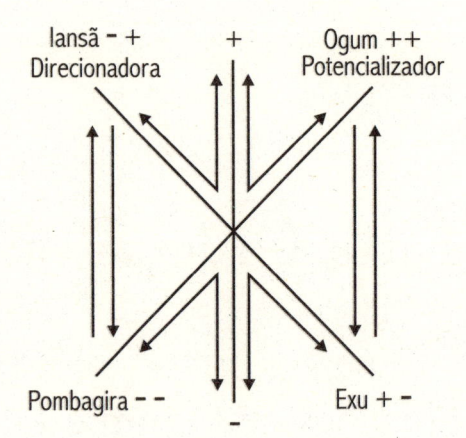

- Filiação pura de Ogum e Iansã → Gera seres masculinos potencializadores-direcionadores; eólicos puros; ordenadores dos direcionamentos ou ordenações; todos regidos pelo Trono masculino da lei, também conhecido como Orixá Ogum dos Caminhos (as direções).
- Filiação pura de Iansã e Ogum → gera seres femininos direcionadores-potencializadores; seres eólicos puros; seres regidos pelo Trono feminino da lei, também conhecida como Orixá Iansã dos Ventos (as direções).

Vejamos as filiações mistas que surgem a partir da fusão da parte masculina positiva do fator potencializador com as partes femininas positivas dos outros fatores.

Filiações Mistas de Ogum

- Ogum e Oiá-Tempo → fator potencializador+ fator cristalizador
- Ogum e Oxum → fator potencializador +fator conceptivo
- Ogum e Obá → fator potencializador +fator concentrador
- Ogum e Egunitá → fator potencializador + fator condensador

- Ogum e Nanã   → fator potencializador +fator decantador
- Ogum e Iemanjá → fator potencializador+ fator criativo

1ª Filiação mista de Ogum e Oiá-Tempo → gera seres masculinos potencializadores-cristalizadores; seres eólicos-cristalinos; seres potencializadores da religiosidade, todos regidos pelo Trono masculino eólico-cristalino, também conhecido como Orixá Ogum do Tempo ou Ogum da Fé.

2ª Filiação mista de Ogum e Oxum → gera seres masculinos potencializadores-conceptivos; seres eólicos-minerais; seres potencializadores das concepções, todos regidos pelo Trono masculino eólico-mineral, também conhecido como Ogum Mineral ou Ogum da Concepção e do Amor.

3ª Filiação mista de Ogum e Obá → gera seres masculinos potencializadores-condensadores; seres eólicos telúricos; seres potencializadores do raciocínio, todos regidos pelo Trono masculino eólico-telúrico, também conhecido como Orixá Ogum Telúrico-Vegetal ou Ogum do Conhecimento.

4ª Filiação mista de Ogum e Egunitá → gera seres masculinos potencializadores-condensadores; seres eólicos-ígneos; seres potencializadores das condensações, todos regidos pelo Trono masculino eólico-ígneo, também conhecido como Orixá Ogum do Fogo ou Ogum da Justiça.

5ª Filiação mista de Ogum e Nanã → gera seres masculinos potencializadores-decantadores; seres eólicos-aquáticos-telúricos; seres potencializadores das decantações, todos regidos pelo Trono masculino eólico-aquático-telúrico, também conhecido como Orixá Ogum da Evolução ou Ogum da Água e da Terra.

6ª Filiação mista de Ogum e Iemanjá → gera seres masculinos potencializadores-criativos; seres eólicos-aquáticos; seres potencializadores da criatividade, todos regidos pelo Trono eólico-aquático, também conhecido como Orixá Ogum da Água ou Ogum da Geração.

Assim, temos as seis filiações mistas de Ogum, gerador natural da parte masculina positiva e passiva do fator ordenador.

Vamos às filiações mistas de Iansã.

Filiações Mistas de Iansã

- Iansã e Oxalá → fator direcionador + fator magnetizador
- Iansã e Oxumaré → fator direcionador + fator renovador
- Iansã e Oxóssi → fator direcionador + fator expansor
- Iansã e Xangô → fator direcionador + fator equilibrador
- Iansã e Obaluaiê → fator direcionador + fator transmutador
- Iansã e Omolu → fator direcionador + fator estabilizador

Iansã gera em si a parte feminina positiva do fator ordenador, e quando acontece a fusão do seu fator direcionador com as partes masculinas positivas dos outros fatores, aí, então, surgem as suas filiações mistas:

1ª Filiação mista de Iansã e Oxalá → gera seres femininos direcionadores-magnetizadores; seres eólicos-cristalinos; seres direcionadores da fé, todos regidos pelo Trono feminino eólico-cristalino, também conhecido como Orixá Iansã Cristalina ou Iansã do Tempo.

2ª Filiação mista de Iansã e Oxumaré → gera seres femininos direcionadores; seres eólicos-temporais-minerais; seres direcionadores das renovações, todos regidos pelo Trono feminino eólico-temporal-mineral, também conhecido como Orixá Iansã das Renovações ou Iansã das Cachoeiras.

3ª Filiação mista de Iansã e Oxóssi → gera seres femininos direcionadores-expansores; seres eólicos-vegetais; seres direcionadores do raciocínio, todos regidos pelo Trono feminino eólico-vegetal, também conhecido como Orixá Iansã do Conhecimento ou Iansã Vegetal.

4ª Filiação mista de Iansã e Xangô → Gera seres femininos direcionadores-equilibradores; seres eólicos-ígneos; seres direcionadores da razão, todos regidos pelo Trono feminino eólico-ígneo, também conhecido como Orixá Iansã da Justiça ou Iansã do Fogo.

5ª Filiação mista de Iansã e Obaluaiê → gera seres femininos eólicos-telúricos-aquáticos; seres direcionadores-transmutadores;

seres direcionadores das evoluções, todos regidos pelo Trono feminino eólico-telúrico-aquático, também conhecido como Orixá Iansã das Almas ou Iansã da Evolução.

6ª Filiação mista de Iansã e Omolu → gera seres femininos eólicos-telúricos; seres direcionadores estabilizadores; seres direcionadores das gerações, todos regidos pelo Trono feminino eólico-telúrico, também conhecido como Orixá Iansã da Terra ou Iansã do Cemitério.

Assim, temos as seis filiações mistas de Iansã com os Orixás geradores das partes masculinas positivas dos outros fatores.

As nuanças ou diferenciadores das filhas de Iansã acontecem por causa dessas fatorações.

Essas fatorações fazem com que, embora sendo todas filhas de Iansã, tenham naturezas íntimas diferenciadas.

A Hereditariedade na Irradiação da Evolução

Obaluaiê e Nanã

Onda divina evolutiva { Fator evolutivo – Obaluaiê
Fator decantador –Nanã Buruquê

Olorum gera em Si mesmo uma onda viva que estimula a evolução, e nela gerou dois Orixás, que são os regentes da irradiação viva, que regem sobre a evolução em todos os aspectos da criação e em todos os sentidos.

Então surgem Obaluaiê e Nanã Buruquê, Orixás regentes da evolução.

Obaluaiê é positivo, ativo no elemento terra e passivo no elemento água. Sua irradiação magnética é bipolar, alternada em paralelas e continua em raios retos.

Nanã é negativa, passiva no elemento terra e ativa no elemento água. Sua irradiação magnética é bipolar, pontual no polo aquático e reta no polo telúrico.

Obaluaiê estimula a evolução e rege sobre as passagens de um estágio para outro. Já Nanã, atua como afixadora dos seres nos estágios em que estão, até que estejam livres das reações instintivas e dos sentimentos emotivos.

Obaluaiê gera em si o fator evolutivo transmutador e o irradia a todos, o tempo todo, daí sua atuação é contínua. Já Nanã gera em si o fator decantador dos instintos e do emocional e sua atuação é alternada, ora dando amparo aos seres ainda frágeis mentalmente, e ora decantando os seres muito instintivos ou emocionados.

- Se a parte feminina predominar, temos esta "estrela":

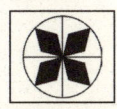

- Se a parte masculina predominar, temos esta "estrela":

- Na numerologia, Obaluaiê é o número quatro e Nanã é o número seis.
- Obaluaiê é telúrico-aquático e Nanã é aquática-telúrica.
- Obaluaiê e Nanã são associados à sapiência e à maturidade, à razão e à ponderação, pois são os Orixás regentes da evolução.
- Os filhos de Obaluaiê são regidos pelos magnetismos terráqueo e jupiteriano e as filhas de Nanã são regidas pelos magnetismos venusiano e terráqueo.
- No positivo, os filhos de Obaluaiê são cordiais, corteses, falantes, criativos, imaginosos, elegantes e generosos.
- No positivo, as filhas de Nanã são calmas, conselheiras, orientadoras, religiosas, emotivas, muito simpáticas.
- No negativo, os filhos de Obaluaiê são prepotentes, autoritários, mesquinhos, vaidosos, desleais, intrigantes, vingativos, pedantes, bajuladores e mulherengos.
- No negativo, as filhas de Nanã são intratáveis, ríspidas, tagarelas, fuxiqueiras, vingativas, perigosas.
- Os filhos de Obaluaiê apreciam a boa mesa, companhias interessantes, ser o centro das atenções, festas, as roupas elegantes, viagens, reuniões animadas e bebidas suaves.
- As filhas de Nanã apreciam a boa mesa, companhias falantes e alegres, reuniões familiares e religiosas, pessoas que lhes dediquem afeto e respeito e vestes multicoloridas.
- Os filhos de Obaluaiê não apreciam a monotonia, o silêncio, a solidão, as companhias tolas ou inconsequentes e o trabalho repetitivo ou em ambientes fechados.

- As filhas de Nanã não apreciam pessoas egoístas, mesquinhas ou geniosas. Nem festas e reuniões agitadas, crianças peraltas, roupas espalhafatosas, desperdício, preguiçosos e exibicionistas.
- Os filhos de Obaluaiê harmonizam-se facilmente com os filhos de Oxalá e de Oxóssi, e com as filhas de Iemanjá, de Oxum, e de Iansã. E não se compatibilizam facilmente com os filhos de Oxumaré, Ogum, Xangô e Omolu, e com as filhas de Obá, Egunitá, Oiá e Nanã.
- As filhas de Nanã harmonizam-se facilmente com as filhas de Iemanjá, Oxum e Obá, e com os filhos de Ogum, Xangô, Oxalá, e Omolu. E não se harmonizam facilmente com as filhas de Iansã, Oiá e Egunitá, e com os filhos de Obaluaiê, Oxóssi e Oxumaré.

Fator Evolutivo

As Filiações de Obaluaiê e Nanã Buruquê

O fator evolutivo, como todos os outros, é formado por quatro partes, sendo que duas são positivas e duas são negativas; duas são passivas e duas são ativas; duas são masculinas e duas são femininas.

A energia fatoral divina, que dá origem ao fator evolutivo, tem a qualidade de predispor os seres à busca do superior, do sublime e do desconhecido.

Essa energia é absorvida por nós por intermédio do chacra esplênico ou chacra transmutador, pois ele atua como filtrador das energias geradas no sétimo sentido, ou absorvidas pelo chacra básico e que são energias geracionistas e estimuladoras da criatividade mental.

Mas essa criatividade só é obtida caso as energias geracionistas passem por uma transmutação e tornem-se criacionistas ou criativistas, estimuladoras das faculdades criativas.

O fator evolutivo não atua só como transmutador nesse sentido e essa não é sua única atribuição pois a criação divina não é estática, e novas coisas são geradas a partir da transmutação de coisas antigas.

A própria reciclagem que acontece na natureza terrestre ou na natureza íntima dos seres é comandada, em termos de macro ou de micro pelo fator evolutivo, que decanta o que se esgotou e, depois, transmuta tudo, dando origem a coisas renovadas e mais evoluídas.

- Obaluaiê é essa transmutação contínua tanto em termos de macro quanto de micro, pois ele é a própria qualidade transmutadora do divino Criador Olorum.
- Nanã Buruquê é essa decantação contínua tanto em termos de macro quanto de micro, pois ela é a própria qualidade decantadora do divino Criador Olorum.

As partes do fator evolutivo

- Obaluaiê gera naturalmente a parte positiva masculina e ativa do fator evolutivo, que é transmutadora.
- Nanã gera naturalmente a parte positiva feminina e passiva do fator evolutivo, que é decantadora.
- Omolu gera naturalmente a parte negativa masculina e passiva do fator evolutivo, que é paralisadora.
- Oiá-Tempo gera naturalmente a parte negativa feminina e ativa do fator evolutivo, que é desmagnetizadora.
- Enquanto Obaluaiê transmuta, Omolu paralisa.
- Enquanto Nanã decanta, Oiá-Tempo desmagnetiza.

Assim, temos a distribuição das partes do fator evolutivo:

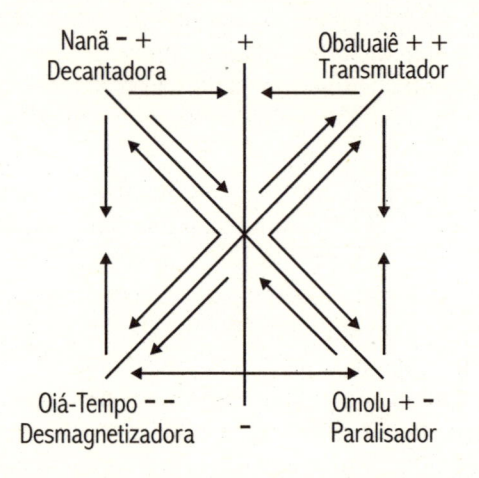

```
        Nanã - +          +      Obaluaiê + +
        Decantadora              Transmutador




     Oiá-Tempo - -        |      Omolu + -
     Desmagnetizadora     -      Paralisador
```

- Obaluaiê e Nanã Buruquê são Orixás "duais", pois são bioenergéticos ou bifatorais originais.
- Obaluaiê é ativo no fator telúrico e passivo no fator aquático.
- Nanã é ativa no fator aquático e passiva no fator telúrico.
- A "atividade" de Obaluaiê no fator telúrico leva muitos a confundi-lo com o Orixá Omolu, que é telúrico puro.
- A atividade de Nanã no fator aquático leva muitos a confundi-la com a Orixá Iemanjá, que é aquática pura.

Sabemos que existe uma Iemanjá da Terra, mas ela só assume essa qualidade "telúrica" por meio do Orixá Omolu intermediário, que assume sua qualidade "aquática" por intermédio da formação de um par energo-magnético com ela, a nossa amada mãe, Iemanjá da Evolução.

Essa Orixá Iemanjá Telúrica não é uma Nanã, porém muitos a confundem, pois não diferenciam o fator aquático dos tipos de água existentes no plano material, que são vários:

- Água Marinha – Iemanjá
- Água Mineral – Oxum
- Água Doce – Nanã
- Água Sulfurada – Egunitá
- Água Ferruginosa – Ogum
- Água Cristalizada – Oiá-Tempo (o granizo)
- Água Vegetal – Obá (a seiva dos vegetais)
- Água da Chuva – Iansã
- Água de Fonte – Oxalá (as nascentes)

Nas frutas, a água de cada uma também obedece a essas distribuições:

- Água do Coco – Oxalá
- Água do Limão – Tempo
- Água do Melão – Oxumaré
- Água da Maçã – Oxum
- Água da Pera – Iemanjá
- Água da Framboesa – Iansã

- Água da Melancia – Ogum
- Água da Laranja – Oxóssi
- Água do Abacaxi – Oiá-Tempo
- Água do Abacate – Omolu e Obá
- Etc.

Desta forma, entendemos que os fatores puros fundem-se com as partes dos outros fatores em todos os níveis e dimensões da criação. Mas alguns são duplos desde a origem, como é o caso de Obaluaiê e de Nanã, que formam um par puro original, pois ambos são temporais; terra e água.

Neles o fator terra-água é um composto desde a sua origem em Deus, que tanto gera e emana fatores puros (as partes), como fatores mistos (terra-água, temporal-cristal, temporal-mineral, etc.)

Como Obaluaiê é ativo na terra e passivo na água, classificamo-o como telúrico-aquático. Já Nanã, por ser ativa na água e passiva na terra, classificamo-la como aquática-telúrica, destacando em primeiro lugar a parte onde são ativos.

Todo Orixá que gera um fator bioenergético é classificado como temporal porque é regido pelo divino Trono do Tempo, interpretado como a própria evolução divina, como um todo.

A diferença fundamental entre Nanã e Iemanjá e entre Obaluaiê e Omolu consiste nos fatores que geram, pois enquanto o fator de Nanã é bionergético (água-terra), o de Iemanjá é água pura. E o fator de Omolu é telúrico.

Assim, a proximidade entre Nanã e Iemanjá é acentuada e facilmente são confundidas. O mesmo acontece entre Obaluaiê e Omolu, porque o primeiro é ativo no elemento terra.

As associações que fazem entre esses Orixás são por causa do "parentesco" existente nos seus fatores. Nos tipos físicos dos filhos desses Orixás os de Omolu e de Iemanjá são altos, sendo que os telúricos são magros e as aquáticas são robustas.

Já os filhos puros de Obaluaiê são de estatura média e muito parecidos com os filhos de Xangô, só que são menos "racionais" e são bem descontraídos, emotivos mesmo.

Quanto às filhas puras de Nanã são de estatura média e tendem para a obesidade, sendo que muitas são naturalmente gordas, descontraídas e de uma alegria espontânea.

Já nas filiações mistas os Orixás adquirem certos traços ou características típicas dos fatores que se fundem com o fator terra-água.

As filiações puras do fator evolutivo

- Filiação pura de Obaluaiê e Nanã → gera seres masculinos transmutadores-decantadores; seres telúricos-aquáticos; seres transmutadores das decantações, todos regidos pelo Trono masculino telúrico-aquático, também conhecido como Orixá Obaluaiê da Evolução.
- Filiação pura de Nanã e Obaluaiê → gera seres femininos decantadores-transmutadores; seres aquáticos-telúricos; seres decantadores das transmutações, todos regidos pelo Trono feminino aquático-telúrico, também conhecido como Orixá Nanã da Evolução.

Vejamos as filiações mistas desses dois Orixás evolutivos.

Filiações Mistas de Obaluaiê
- Obaluaiê e Oiá-Tempo → fator transmutador + fator cristalizador
- Obaluaiê e Oxum → fator transmutador + fator conceptivo
- Obaluaiê e Obá → fator transmutador + fator concentrador
- Obaluaiê e Egunitá → fator transmutador + fator condensador
- Obaluaiê e Iansã → fator transmutador + fator direcionador
- Obaluaiê e Iemanjá → fator transmutador + fator criativo

1ª Filiação mista de Obaluaiê e Oiá → gera seres telúricos-aquáticos-temporais-cristalinos; seres evolutivos-cristalinos; seres transmutadores das religiosidades, todos regidos pelo Trono masculino da evolução religiosa, também conhecido como Orixá Obaluaiê do Tempo.

2ª Filiação mista de Obalauiê e Oxum → gera seres telúricos-aquáticos-minerais; seres evolutivos-conceptivos, seres transmutadores das concepções, todos regidos pelo Trono masculino telúrico-aquático-mineral, também conhecido como Orixá Obaluaiê da Concepção ou Obaluaiê dos Minerias.

3ª Filiação mista de Obaluaiê e Obá → gera seres telúricos-aquáticos-vegetais; seres evolutivos-concentradores; seres transmutadores do raciocínio, todos regidos pelo Trono masculino telúrico-aquático-vegetal, também conhecido como Orixá Obalauaiyê do Raciocínio ou Obaluaiê Telúrico-Vegetal.

4ª Filiação mista de Obaluaiê e Egunitá → gera seres telúricos-aquáticos-ígneos; seres transmutadores-condensadores; seres transmutadores da razão, todos regidos pelo Trono masculino telúrico-aquático-ígneo, também conhecido como Orixá Obalauiê da razão ou Obaluaiê do Fogo.

5ª Filiação mista de Obaluaiê e Iansã → gera seres masculinos telúricos-aquáticos-eólicos; seres transmutadores-direcionadores; seres transmutadores das direções, todos regidos pelo Trono masculino telúrico-aquático-eólico, também conhecido como Orixá Obaluaiê Eólico.

6ª Filiação mista de Obalauiê e Iemanjá → gera seres masculinos telúricos-aquáticos; seres transmutadores da criatividade, todos regidos pelo Trono masculino telúrico-aquático, também conhecido como Orixá Obaluaiê do Mar ou Obaluaiê da Geração.

Assim, temos as seis filiações mistas de Obaluaiê, Orixá gerador da parte masculina positiva do fator evolutivo.

Observação: Obaluaiyê é ativo na terra e passivo na água. Mas nas fusões do seu fator com o de Iemanjá ele torna-se ativo, também na criatividade dos seres, a qual ele transmuta e abre para eles novos estágios evolutivos.

Vejamos as filiações mistas de Nanã com os outros Orixás geradores naturais das partes positivas masculinas dos outros fatores.

Filiações Mistas de Nanã.

- Nanã e Oxalá → fator decantador + fator magnetizador
- Nanã e Oxumaré → fator decantador + fator renovador
- Nanã e Oxóssi → fator decantador + fator expansor
- Nanã e Xangô → fator decantador + fator equilibrador
- Nanã e Ogum → fator decantador + fator potencializador
- Nanã e Omolu → fator decantador + fator estabilizador

1ª Filiação mista de Nanã e Oxalá → gera seres femininos aquáticos-telúricos-cristalinos; seres decantadores-magnetizadores; seres decantadores da fé, todos regidos pelo Trono feminino aquático telúrico-cristalino, também conhecido como Orixá Nanã Buruquê Cristalina ou Nanã Buruquê da Fé.

2ª Filiação mista de Nanã e Oxumaré → gera seres femininos aquáticos-telúricos-temporais-minerais, seres decantadores-renovadores; seres decantadores das renovações, todos regidos pelo Trono feminino aquático-telúrico-temporal-mineral, também conhecido como Orixá Nanã Buruquê do Arco-Íris ou Nanã Temporal-Mineral.

3ª Filiação mista de Nanã e Oxóssi → gera seres femininos aquáticos-telúricos-vegetais; seres decantadores do raciocínio; seres decantadores do conhecimento, todos regidos pelo Trono feminino aquático-telúrico-vegetal, também conhecido como Orixá Nanã Buruquê do Conhecimento ou Nanã Vegetal.

4ª Filiação mista de Nanã e Xangô → gera seres femininos decantadores-equilibradores; seres aquáticos-telúricos-ígneos; seres decantadores do racional, todos regidos pelo Trono feminino aquático-telúrico-ígneo, também conhecido como Nanã Buruquê da Justiça ou Nanã do Fogo.

5ª Filiação mista de Nanã e Ogum → gera seres femininos aquáticos-telúricos-eólicos; seres decantadores-potencializadores; seres decantadores da potência, todos regidos pelo Trono feminino aquático-telúrico-eólico, também conhecido como Orixá Nanã Buruquê da Lei ou Nanã Eólica.

6ª Filiação mista de Nanã e Omolu → gera seres femininos aquáticos-telúricos; seres decantadores-estabilizadores; seres decantadores da geração, todos regidos pelo Trono feminino aquático-telúrico, também conhecido como Orixá Nanã Buruquê da Geração ou Nanã da Terra.

Assim, temos as seis filiações mistas de Nanã. E ela se torna ativa também no fator telúrico de Omolu, pois se ele estabiliza a geração, ela decanta os seres desestabilizados.

A Hereditariedade na Irradiação da Geração

Iemanjá e Omolu

Onda divina da criatividade e da geração $\begin{cases} \text{Fator gerador – Iemanjá} \\ \text{Fator paralisador – Omolu} \end{cases}$

Olorum gera em Si mesmo, e gerou em Sua onda da criatividade e da geração, os Orixás Iemanjá e Omolu.

Iemanjá é o polo positivo, passivo, irradiante, criativista e gerador dessa onda viva e divina. Já Omolu, é o seu polo negativo, ativo, absorvente e paralisador da criatividade desvirtuadora e da geração desequilibrada ou degenerada.

Aparentemente são dois Orixás opostos em tudo, e no entanto, são complementares em todos os sentidos, pois ela é a regente divina da geração e ele é o regente responsável pelo equilíbrio na Criação divina.

Sabemos que o fator paralisante gerado e irradiado por Omolu é fundamental para o equilíbrio da vida e da geração, pois onde acontecer uma geração ou criação desvirtuada ou desvirtuadora, ele é o mistério de Deus, que paralisa tudo e esgota a energia caótica ou a criação degenerada ou viciada.

Iemanjá é a irradiação viva do Divino Criador que chega a todos, sempre estimulando a criatividade e o amparo à vida. Seu magnetismo é irradiante e suas ondas são retas. Já o magnetismo de Omolu é absorvente e suas ondas são alternadas.

Olorum gera em Si e gerou Iemanjá e Omolu. E gera seres na Sua onda viva da criatividade e da geração, que são imantados com essa Sua qualidade. Então, Iemanjá magnetiza os seres fêmeas com sua qualidade divina, estimuladora da criatividade e da maternidade. Já Omolu, magnetiza os seres masculinos gerados nessa onda viva com sua qualidade paralisante e protetora dos princípios retos da geração de vidas.

- Se a parte feminina predominar, temos esta "estrela":

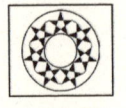

- Se a parte masculina predominar, temos esta "estrela":

Iemanjá rege sobre a vida e Omolu paralisa quem atenta contra ela.

Iemanjá é a mãe autoritária e Omolu é o pai rigoroso.

Na numerologia ela é o número oito e ele é o número doze.

As filhas de Iemanjá são regidos, pelo planeta Netuno e os filhos de Omolu são geridos por Plutão.

O mistério de Iemanjá é aquático-cristalino e o de Omolu, telúrico-temporal.

Ela é a mãe da vida, maternal, mas autoritária.

Ele é o guardião da vida, rigoroso, mas compreensivo, ainda que não o demonstre.

- As filhas de Iemanjá são típicas matronas, robustas, vigorosas, impulsivas, autoritárias, impositivas, e até possessivas, pois sempre prevalece suas naturezas maternais.
- Os filhos de Omolu são ranzinzas, turrões, inflexíveis, autoritários, inamovíveis nos seus princípios, aziagos nos seus

relacionamentos, e são ótimos mestres instrutores, pois são muito organizados em tudo o que fazem, levando suas empreitadas até o fim, sem se importarem com o preço a ser pago. Geralmente são magros e de traços físicos bem definidos.
- As filhas de Iemanjá, no positivo, são alegres, leais, fiéis, generosas, trabalhadoras, muito diligentes em tudo o que fazem e muito ativas.
- Os filhos de Omolu, no positivo, são alegres, mas reservados, resolutos, observadores, perspicazes e orientadores.
- As filhas de Iemanjá, no negativo, são respondonas, irritantes, intolerantes, briguentas e despeitosas.
- Os filhos de Omolu, no negativo, são perigosos, violentos, intolerantes, cruéis e insensíveis à dor alheia.
- As filhas de Iemanjá apreciam a vida doméstica, o trabalho produtivo, o respeito, a fidelidade, a religiosidade firme, o estudo, vestes sóbrias e elegantes, a companhia de homens firmes nas decisões e de natureza forte.
- Os filhos de Omolu apreciam a vida errante, o trabalho descompromissado, (como se a qualquer momento partissem) o ensino, o misticismo, a magia e as coisas religiosas, roupas discretas mas bem alinhadas, a boa mesa e companhias inteligentes.
- As filhas de Iemanjá compatibilizam-se facilmente com todas as filhas e filhos dos outros Orixás, desde que não as contrariem e não as atrapalhem.
- Os filhos de Omolu harmonizam-se facilmente com os filhos de Oxalá, Xangô e Ogum, e não se consolidam facilmente com os filhos de Oxumaré, Oxóssi e Obaluaiê. Hamonizam-se facilmente com as filhas de Iemanjá, Oxum, Nanã. Não se harmonizam facilmente com as filhas de Oiá, Egunitá e Obá.

Fator Gerador

As Filiações de Iemanjá e Omolu

O fator gerador, também composto por quatro partes, sendo duas positivas e duas negativas, tem essa distribuição das suas partes:

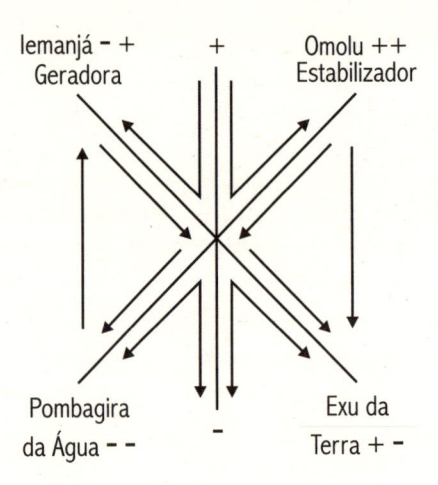

```
Iemanjá - +        +        Omolu + +
Geradora                    Estabilizador




Pombagira                    Exu da
da Água - -       -         Terra + -
```

Se não colocamos os nomes dos Tronos regentes das partes negativas do fator gerador, isso se deve ao fato de os seus nomes serem proibidos no plano material.

Fator Gerador

Sabemos que no passado eles foram revelados, mas sofreram tanta deturpação e deram-lhes um uso tão nefasto no campo das magias negativas, que foram recolhidos pela Lei Maior. Assim como quem estimulou essa inversão das atribuições desses Tronos negativos, estão até hoje amargando suas magias negativas em si mesmos nos retornos ativados pela justiça divina.

Portanto, não seremos nós que reabriremos os mistérios desses dois Tronos negativos, geradores das partes negativas do fator evolutivo.

Assim os substituímos pelo Senhor Exu da Terra, que gera o fator vitalizador e pela Senhora Pombagira da Terra, que gera o fator excitador.

Exu e Pombagira lidam com os aspectos negativos dos Orixás e aqui assumiram o lugar dos geradores naturais da parte negativa do fator gerador; mas só para efeito de amostragem do gráfico (pág.141) de distribuição das partes desse fator, pois seus Tronos Geradores jamais deixarão de gerá-las.

Como não estamos abordando os geradores das partes negativas do fator gerador, então vamos às suas partes positivas.

- Iemanjá, aquática por excelência, gera a parte positiva feminina passiva.
- Omolu, telúrico por excelência, gera a parte positiva masculina ativa.
- A parte de Iemanjá é criacionista e geradora.
- A parte de Omolu é gerador e estabilizadora.
- O fator de Iemanjá é aquático.
- O fator de Omolu é telúrico.
- Por intermédio de Omolu, Iemanjá absorve a energia telúrica, que dá a ela a estabilidade necessária, pois é muito maleável.
- Por meio de Iemanjá, Omolu absorve a energia aquática, que dá a ele a unidade necessária pois é muito seco.

Ambos se complementam e se sustentam no fator gerador. Mas suas filiações dentro do mesmo fator não são puras, pois são geradores naturais de energias vivas diferentes.

Assim, geram duas filiações dentro do fator comum a ambos.

- Iemanjá, quando da fusão do seu fator criacionista com o fator estabilizador de Omolu, gera uma filiação formada por seres femininos aquáticos-telúricos; criacionistas-estabilizadores; geradores de estabilidade, todos regidos por Iemanjá, Trono Feminino da Geração.

- Omolu, quando da fusão do seu fator estabilizador com o fator criacionista de Iemanjá, gera uma filiação formada por seres masculinos telúricos-aquáticos; seres estabilizadores-criacionistas; seres estabilizadores da criatividade, todos regidos por Omolu, Trono Masculino da Geração.

Agora, vejamos as outras filiações mistas de Iemanjá e de Omolu.

Filiações Mistas de Iemanjá

- Iemanjá e Oxalá → fator criacionista + fator magnetizador
- Iemanjá e Oxumaré → fator criacionista + fator renovador
- Iemanjá e Oxóssi → fator criacionista + fator expansor
- Iemanjá e Angô → fator criacionista + fator equilibrador
- Iemanjá e Ogum → fator criacionista + fator potencializador
- Iemanjá e Obaluaiê → fator criacionista + fator transmutador

1ª Filiação mista de Iemanjá e Oxalá → gera seres aquáticos-cristalinos; seres criacionistas-magnetizadores; seres geradores da fé, todos regidos pelo Trono feminino aquático-cristalino, também conhecido como Orixá Iemanjá Cristalina ou Iemanjá da Fé.

2ª Filiação mista de Iemanjá e Oxumaré → gera seres aquáticos-temporais-minerais; seres criacionistas-renovadores; seres geradores das renovações, todos regidos pelo Trono feminino aquático-temporal-cristalino, também conhecido como Orixá Yemanjá do Arco-íris ou Iemanjá do Amor.

3ª Filiação mista de Iemanjá e Oxóssi → gera seres aquáticos-vegetais; seres criacionistas-expansionistas; seres geradores do conhecimento, todos regidos pelo Trono feminino aquático-vegetal, também conhecido como Iemanjá do Raciocínio ou Iemanjá Vegetal.

4ª Filiação mista de Iemanjá e Xangô → gera seres aquáticos-ígneos; seres criacionistas-racionalistas; seres geradores da razão, todos regidos pelo Trono feminino aquático-ígneo, também conhecido como Orixá Iemanjá do Fogo ou Iemanjá da Justiça.

5ª Filiação mista de Iemanjá e Ogum → gera seres criacionistas-potencializadores; seres aquáticos-eólicos; seres geradores da ordem, todos regidos pelo Trono feminino aquático-eólico, também conhecido como Orixá Iemanjá do Ar ou Iemanjá da Lei.

6ª Filiação mista de Iemanjá e Obaluaiê → gera seres criacionistas-transmutadores; seres aquáticos-telúricos; seres geradores da evolução, todos regidos pelo Trono feminino aquático-telúrico, também conhecido como Orixá Iemanjá da Evolução.

Assim, temos as outras seis filiações mistas de Iemanjá, que surgem quando o seu fator criacionista funde-se com as partes masculinas positivas dos outros fatores.

A diferença entre Nanã e a Iemanjá aquática-telúrica consiste no fato desta ser ativa nos fatores aquático e telúrico, pois nela existem dois fatores distintos, enquanto o fator aquático-telúrico de Nanã é um fator composto.

Filiações Mistas de Omolu

- Omolu e Oiá-Tempo ➔ fator estabilizador + fator cristalizador
- Omolu e Oxum ➔ fator estabilizador + fator conceptivo
- Omolu e Obá ➔ fator estabilizador + fator concentrador
- Omolu e Egunitá ➔ fator estabilizador + fator condensador
- Omolu e Iansã ➔ fator estabilizador + fator direcionador
- Omolu e Nanã ➔ fator estabilizador + fator decantador

1ª Filiação mista de Omolu e Oiá ➔ gera seres masculinos estabilizadores-cristalizadores; seres telúricos-cristalinos; seres estabilizadores da religiosidade, todos regidos pelo Trono masculino telúrico-cristalino, também conhecido como Orixá Omolu da Fé ou Omolu do Tempo.

2ª Filiação mista de Omolu e Oxum ➔ gera seres masculinos telúricos-minerais; seres estabilizadores-conceptivos; seres estabilizadores das concepções. Todos regidos pelo Trono masculino telúrico-mineral, também conhecido como Orixá Omolu Mineral ou Omolu da Agregação.

3ª Filiação mista de Omolu e Obá ➔ gera seres masculinos telúricos-vegetais; seres estabilizadores concentradores; seres estabilizadores do raciocínio, todos regidos pelo Trono masculino telúrico-vegetal, também conhecido como Orixá Omolu do Conhecimento.

4ª Filiação mista de Omolu e Egunitá ➔ gera seres masculinos telúricos-ígneos; seres estabilizadores-condensadores; seres estabilizadores da razão, todos regidos pelo Trono masculino telúrico-ígneo, também conhecido como Orixá Omolu do Fogo ou Omolu da Justiça.

5ª Filiação mista de Omolu e Iansã ➔ gera seres masculinos telúricos-eólicos; seres estabilizadores-direcionadores; seres estabilizadores dos direcionamentos, todos regidos pelo Trono masculino telúrico-eólico, também conhecido como Orixá Omolu do Ar ou Omolu da Lei.

6ª Filiação mista de Omolu e Nanã → gera seres masculinos telúricos-aquáticos; seres estabilizadores-decantadores; seres estabilizadores da evolução, todos regidos pelo Trono masculino telúrico-aquático, também conhecido como Orixá Omolu da Evolução.

Assim, temos as outras seis filiações mistas de Omolu, Orixá gerador da parte masculina positiva do fator gerador.

MADRAS® Editora

Para mais informações sobre a Madras Editora,
sua história no mercado editorial
e seu catálogo de títulos publicados:

Entre e cadastre-se no site:

www.madras.com.br

Para mensagens, parcerias, sugestões e dúvidas, mande-nos um e-mail:

marketing@madras.com.br

SAIBA MAIS

Saiba mais sobre nossos lançamentos,
autores e eventos seguindo-nos no facebook e twitter:

@madrased

/madraseditora